向着光与爱

Light & Love

A Journey of the Lighthouses along the East Sea

万里东海灯塔行

交通运输部东海航海保障中心　编著

厦门大学出版社
XIAMEN UNIVERSITY PRESS

国家一级出版社
全国百佳图书出版单位

图书在版编目（CIP）数据

向着光与爱：万里东海灯塔行 / 交通运输部东海航
海保障中心编著. -- 厦门：厦门大学出版社，2024.11.
ISBN 978-7-5615-9508-4

Ⅰ．U644.42

中国国家版本馆 CIP 数据核字第 2024LR5865 号

责任编辑　潘　瑛　王鹭鹏

美术编辑　蒋卓群

技术编辑　朱　楷

出版发行　厦门大学出版社

社　　　址　厦门市软件园二期望海路 39 号

邮政编码　361008

总　　　机　0592-2181111　0592-2181406(传真)

营销中心　0592-2184458　0592-2181365

网　　　址　http://www.xmupress.com

邮　　　箱　xmup@xmupress.com

印　　　刷　厦门市竞成印刷有限公司

开本　720 mm×1 000 mm　1/16

印张　21.5

字数　352 千字

版次　2024 年 11 月第 1 版

印次　2024 年 11 月第 1 次印刷

定价　168.00 元

本书如有印装质量问题请直接寄承印厂调换

厦门大学出版社
微信二维码

厦门大学出版社
微博二维码

光从东海来

万里东海，舟楫扬波。

灯塔初上，灿若星汉。

在这片蓝色沃土上，那些高耸的宝塔，目送过满载丝绸、瓷器的商船，驶向远方；那些新式的灯器，照亮过救亡图存的眼睛，跨出国门；那些现代化灯塔，激荡起改革开放的春潮，通连世界……我们东海航保人深深扎根于这片蓝色沃土，默默耕耘在这片蓝色沃土上。我们不会忘记浪花背后的传说、涛声背后的故事以及那些灯塔承载的文化和精神。

"周虽旧邦，其命维新"，五千年中华文化绵延不绝，关键在传承发展。正如习近平总书记指出："如果不从源远流长的历史连续性来认识中国，就不可能理解古代中国，也不可能理解现代中国，更不可能理解未来中国。"理解灯塔文化亦是如此。

《向着光与爱——万里东海灯塔行》以时间轴为主线，带领读者经历灯塔精神的"寻根之旅"，追溯源头，展示当下，眺望未来。它以东海辖区代表性灯塔为载体，收录与之相关的故事，呈现灯塔背后的精神价值。三条脉络贯穿全书：其一是空间脉络，即东海辖区北至连云港、南至厦门范围内的灯塔。其二是时间脉络，以古代、近代、新中国成立后、新时代以及未来进行划分，依序讲述各时间段里的代表性灯塔及其故事。其三是精神脉络，从不同年代的灯塔故事中，找寻灯塔被赋予精神价值的嬗变过程——从混沌、萌芽到发展、升华。

本书是东海航海保障中心下属六个航标处通力合作的成果，以文字、图片、视频的形式开辟了一扇展示灯塔文化魅力的窗户。同时，阅听这些灯塔故事，一定会被脚下那片博大精深、人文荟萃、物华天宝的土地所惊艳、折服与感动。它们是中国古代文明的重要发源地——河姆渡文明、良渚文明、壳丘头文化……我们东海航海保障中心深深扎根在这片土地，从中不断汲取宝贵精神力量，《向着光与爱——万里东海灯塔行》也将作为我们奏响不断推进"第二个结合"、大力加强文化建设的新序曲之一，激励我们奋进新征程。

愿如斯书名——"向着光"，照亮我们奋力加快建设交通强国之路；"向着爱"，激励我们努力当好中国式现代化的开路先锋。

壮哉东海！美哉灯塔！

向着光与爱

多少年以后
没有人记得建造者的名字
也没有人说得清守望者的故事
然而灯塔始终在那里
无悲无喜不离不弃
守望者的故事在延续
平白朴素可歌可泣
因为光永远是黑暗中的灯塔

守护大海磨砺过的每一颗米粒
粗糙了身子健壮了精神
那些守望者
就是天下所有父母的眼睛
即使眼神开始混浊
灵魂始终清澈
因为辛苦的劳作那么纯粹
因为自然的爱深入骨髓
向着光
坦然爱
即使追求从未被看见
即使美好从未被表达
即使足迹全部被抹去
即使生命终究将流逝
光永恒长在人心里
爱永远是慰藉

汪志军
中共东海航海保障中心党委书记
2024年9月

北麂山灯塔
供图：温州航标处

航标的历史非常悠久，从自然航标到人工航标，伴随着人类文明的演进，航标也在不断发展。而灯塔无疑是航标中最典型的代表，除了导航功能，灯塔还因其独特的建筑价值、历史价值、人文价值、美学价值等发挥着多重社会功能。近现代以来，国内外以灯塔为主题的各类书籍不胜枚举，灯塔文化所散发的氤氲魅力借由这些书为世人所称道。

我国东海岸线悠长，港口众多，航运繁盛。截至2023年底，东海航海保障中心辖区各类航标近8000座，其中灯桩1000多座，灯塔72座，均为三大海区之最。除72座灯塔外，辖区还分布着数量众多的古灯塔，它们有的声名远播，有的已成为城市地标。习近平总书记强调，"中华优秀传统文化是中华民族的根和魂"。而悠久深厚的航海文化，尤其是灯塔文化，就是我们航保行业的根和魂。这也正是我们在东海航海保障中心走过十周年、开启新航程之际编写《向着光与爱——万里东海灯塔行》的背景与缘由。

相较其他同类型的书，本书特色鲜明，值得费点笔墨去详述。

从内容看，本书意蕴丰厚。"向着光与爱"包含灯塔故事最主要的两个组成部分。"光"指灯塔，讲灯塔的物质层面（赤橙黄绿青蓝紫——不同年代的灯塔）；"爱"指守塔人，讲灯塔的精神层面（酸甜苦辣咸——不同类型的故事）。浓缩成一句话就是："在有光的地方，讲有爱的故事。"再从深层次的思路来讲，本书不仅是讲灯塔或灯塔故事，更是通过讲述不同年代的灯塔故事，探求并展示灯塔的内在精神价值，尝试梳理灯塔精神（燃烧自己、照亮别人）的形成与升华的历史脉络，探寻我们行业精神的"源头"。

从思路看，本书行文流畅大胆。全书分为五个篇章，以线性时间轴来划分，第一篇写古代灯塔，以1840年为时间上限，这段时期的"灯塔"大多以宝塔的形式出现。第二篇写近代灯塔，"千年之变"引发中国政治、经济、社会全方位发生剧变，也包括管理灯塔的这个古老行业，它的时间上限是新中国成立。第三篇写新中国成立后到东海航海保障中心成立前，现代化灯塔体系最终建成。第四篇写东海航海保障中心成立到当下的灯塔概况，选取6座代表性灯塔，展现新时代灯塔风貌。之所以以东海航海保障中心成立作为时间节点，是基于强化航保文化认同感、提升航保职业荣誉感的深远考虑。第五篇写未来灯塔，这也是本书的创新之处。在这篇中，当代航保青年发挥丰富想象力，描摹灯塔未来的模样，展现了灯塔精神赓续发展的蓬勃活力。

从形式看，本书呈现方式精微美妙。每座灯塔都有一枚"铭牌"（表格）、一段文字故事、多幅灯塔图片，部分灯塔甚至还配有高清视频（二维码），让读者在阅读灯塔故事的同时，还能尽情领略宏伟壮丽的灯塔风采。为确保故事的可读性，全书素材按照"当时人、当时事"的原则进行采编，突出"史料"特点。比如古代的灯塔，我们通过多种方式汇编流传下的故事、传说予以记录，或通过史料考据予以还原；而对于新中国成立后的灯塔，时间稍微久远的，我们尽量通过走访、访谈的方式，编撰富有年代感的故事，且每篇故事前都摘录出体现文眼的"金句"，有些故事结尾还附上趣味横生的"灯塔知识小贴士"。对于有些"意犹未尽"的灯塔故事，还增加了"灯塔照见历史"，拓展灯塔故事之外的灯塔历史。

本书在编写中遇到诸多困难，也留下不少遗憾。比如，由于机构沿革，某些时间段的资料非常匮乏，只能通过年代整合进行技术处理；个别灯塔位于人迹罕至的地方，目前无法获得精美清晰的照片；许多既典型又感人的故事还有待更好、更充分地挖掘……由于编者能力、学识有限，书中的疏漏和不足在所难免，恳请方家、读者批评指正。

本书编写组

2024年9月

羊窝头灯塔
供图：连云港航标处

目录

莲花屿灯桩夕照　供图：吕护益

宝塔悬灯

第一篇

古代灯塔及朴素的民间信仰

自然航标发展到人工航标之后，人类进一步驾驭江湖河海，古代灯塔的出现，是创造文明新范式的又一重要事件。相较于欧洲，我国古代灯塔大都是佛教宝塔，耸立于江海河口，既是寺庙的一部分，也是为往来船舶导航引渡、指示津梁的显著标志。东南沿海，自古海洋经贸活动频繁，两晋之后，中国的经济重心逐步南移，杭州、宁波、泉州等港口日益繁盛。泖塔、江心屿双塔、六胜塔、姑嫂塔等宝塔，就是东海辖区古代灯塔的典型代表。千百年来，围绕这些古代灯塔有许多传说，如妈祖神灵、渔民菩萨陈财伯、望夫成石等，古代航海人祈求神灵护佑、借神灵增强信念的朴素情感和原始信仰，促成了慈悲普渡、敬天爱人、积德行善的灯塔精神价值。

六胜塔

 地理位置
福建省石狮市石湖村金钗山上

 始建时间
北宋政和初年（1111—1113）

 塔高
约 36 米

 特色
每层塔的横梁上都刻着建造者的姓名和建造时间，由宗教人士、商人、平民共同参与筹资建造，兼具佛塔的宗教意义和航标塔的助航功能。

 塔身构造
八角形平面的五层仿木构楼阁式塔

六胜塔

海上丝绸之路上的"擎天红烛"

◎ 陈　耀

　　古时，塔上层层缀满灯笼，远望犹如一支擎天红烛，与闽南万家渔火交相辉映，照亮通往世界的海上丝绸之路。现如今，六胜塔仍旧巍巍屹立在金钗山上，见证着海峡两岸同胞亲密往来。

　　北宋政和初年（1111—1113），僧人祖慧、宗什与石湖乡绅薛公素为弘扬佛法、庇护乡里，募资在泉州湾中部石湖半岛北端的金钗山上建造了一座石塔，并以印度佛教"六胜缘"为之取名"六胜塔"。又因其地处石湖半岛，突出部的石湖港是古代中外商船停泊之处，也是泉州湾的出海口，六胜塔因此成了商舶由泉州湾主航道驶向内河港口的地标。这座六胜塔除了具有佛塔的宗教意义之外，也发挥着为泉州湾主航道往来船舶导航指向的航标塔功能。

　　这座由花岗岩砌筑的八角五层佛塔为仿木结构的楼阁式建筑，塔高36.06米，底围47米。塔底有双层须弥座，塔身由外壁、回廊、塔心三部分组成，塔的每层间隔设有四个券形门和四个方形龛，门与龛上下层相错设置，两旁雕有金刚、力神等佛教形象，结构严谨，雕艺精湛。

　　塔底层南面拱门的门额上悬有一块匾额，刻着"万寿塔"三个字，与南面宝盖山上的"万寿塔"重名，又恰好与之遥遥相对。两座塔为什么会重名呢？查阅史料才知道，南宋景炎二年（1277），元世祖忽必烈派遣大军追击南宋端宗赵昰至泉州附近，双方在泉州沿海激战，六胜塔大半建筑在战乱中遭到破坏。到了元顺帝至元二年（1336），蚶江航海实业家凌恢甫捐资重修六胜塔，悬挂"万寿塔"匾额，祈求众生平安、健康、长寿。

六胜塔与众不同，每层横梁上都刻着建造者的姓名和建造时间，底层匾额右偏旁则刻着"至元丙子腊月立"（1336）、

图 1-1 六胜塔俯视图（摄影：陈耀）

图 1-2　六胜塔仿木飞檐斗拱（摄影：陈耀）

"檀樾锦江凌恢甫建"等字样。往上逐层刻着建筑时间：第二层"岁次丁丑十一月"（1337），第三层"岁次戊寅十月"（1338），第四层"岁次己卯正月"（1339），第五层"岁次己卯三月"（1339）。据此而知，此次修建前后历经两年多才完成。

谈起六胜塔，不得不提起盛行于东南沿海的妈祖信仰。妈祖，亦称"天妃""天后"，俗称"海神娘娘"，是传说中掌管海上航运的女神。传说六胜塔与妈祖收服千里眼、顺风耳二神的故事有关。相传唐朝航海家林銮在石湖建港以来，石湖港来往船只很多。这时，不知从哪里来了两个妖怪，在石湖港的海底设了无数暗礁，许多船只因此触礁沉没，一时之间，人们再也不敢在此海域航行。金钗山上东岳寺里的两个得道高僧祖慧和宗什知道了这件事，就祈求妈祖娘娘收服二妖。这二妖被妈祖收服后，经点化成神，便是妈祖身边的千里眼和顺风耳了。从此，二神便协助妈祖巡查广大海域，护佑渔民。然而，二妖虽被妈祖娘娘收伏，但海底暗礁已经形成，触礁沉船之事仍时有发生。于是，祖慧和宗什又决定为百姓建造一座塔，作为航标。他们四处募缘，终于在金钗山上建成了一座五层宝塔——六胜塔。

六胜塔下的蚶江、石湖在古代为泉州重要外港，是当时海外交通繁荣的历史见证。据传，当年这里有十八个渡口，停泊着亚非各国船舶近百艘，海路交通盛极一时。清初，这里又成为大陆与台湾对渡的中心码头。古时，塔上层层缀满灯笼，远望犹如一支擎天红烛，与闽南万家渔火交相辉映，照亮通往世界的海上丝绸之路。每当朝阳暮色染万顷碧波，六胜塔古朴的外形、精细的构造和凝聚于塔身的历史厚重感，使其愈发肃穆庄重、明亮生辉。人们缓登塔顶，可以俯瞰浩瀚海峡和往来穿梭的舟楫。现如今，六胜塔仍旧巍巍屹立在金钗山上，见证着海峡两岸同胞的亲密往来。

参考资料：

寻宝宋元泉州：六胜塔六胜古塔引航道 [EB/OL].(2021-07-14)[2023-08-10]. https://baijiahao.baidu.com/s?id=1705233293113352372.

万寿塔

 地理位置
福建省石狮市宝盖山上

 始建时间
南宋绍兴年间
（1131—1162）

 塔高
21.65米

 特色
位于海上丝绸之路起
点——泉州，顶层外
壁方形石龛内刻姑嫂
两人形象。

 塔身构造
五层八角空心仿楼阁式建筑

万寿塔

万寿塔的建造及传说

◎ 何熙政

关风锁雨，关波锁澜。

万寿塔，建立之初的名字其实是关锁塔。

史料记载，宝盖山位于晋江东南滨海的风口和水口交接处，南宋绍兴年间的高僧介殊认为宝盖山的位置有碍"风水"格局，于是游走晋江多地，不辞辛苦募捐化缘，遂建成此座石塔，以祈愿关风锁雨、关波锁澜，船舶安全航行、顺利进港。

万寿塔塔中的底层廊壁辟有佛龛七个，每个佛龛都放置坐佛一尊，第三层内壁辟有佛龛，放置三尊石雕立佛，塔顶则装有葫芦宝刹，以此镇塔，因而得名。此塔位于山顶，俯瞰整个泉州海湾，在彩霞的映照下光彩夺目，故成为"泉州八景"之一，号称"关锁烟霞"。

万寿塔又称"姑嫂塔"，背后亦有一段传奇。相传宝盖山下有户贫苦农家，兄妹俩相依为命。哥哥叫海生，娶了一位非常贤惠的妻子。为了改善生活，海生告别新婚妻子和年幼的妹妹，漂洋过海，前往南洋谋生。他们约定，三年之后海生一定返回家乡与妻子、妹妹团聚。三年期间，海生始终未向家里寄来一封信，生死未卜，其妻子和妹妹非常担心，于

图2-1　万寿塔仰视图（摄影：陈耀）

是姑嫂二人每天登上万寿塔眺望远方，希望有一天能在海面上看到海生归来。转眼间，到了约定归来的日期，然而天有不测风云，海生乘坐的船在返回泉州港的途中不幸遭遇狂风巨浪，船毁人亡。可怜姑嫂依然站立万寿塔上一天又一天地等待，最终积思成疾，双双离世，于是后人又把万寿塔称为"姑嫂塔"。

　　万寿塔建成后，晋江的海面常常风平浪静，越来越多的船舶到此停泊

图2-2　山顶上的万寿塔（摄影：陈耀）

碣 石

《尚书·禹贡》有"岛夷皮服，夹右碣石入于河"。"碣石"就是约公元前2070—前1600年中国夏王朝时代的"自然航标"。"夹右碣石入于河"指入黄河时右边有碣石作为航道标志。用现代航海术语译即：右舷正横碣石转入河。

靠岸，晋江经济快速发展，民生不断改善。到南宋时期，泉州港已是世界上最大的贸易港口之一，对外贸易发展十分繁荣，有生意往来的国家和地区有七十多个。

参考资料：

泉州市石狮市人民政府.万寿塔（姑嫂塔）[EB/OL].(2017-09-30)[2023-09-12]. http://www.shishi.gov.cn/zjss/csfm/201709/t20170930_545547.htm.

泉州宋元时期古灯塔与蒲氏家族

朱 越

六胜塔和姑嫂塔是泉州境内著名的古灯塔，它们都建于宋元时期，见证了无数来自中东、欧洲的海商把香料、象牙等番货远物源源不断运至泉州港。南宋时期，泉州港的地位持续上升。到了元代，泉州港迎来鼎盛时期，成为舟船辐辏、帆樯鳞集的东方第一大港。在这极盛繁华的背后，不得不提及泉州的蒲氏家族。

蒲氏家族的代表人物是蒲寿庚，他是阿拉伯裔，先祖从西亚到占城经商，后移居广州。到了蒲寿庚父亲一辈，又从广州移居到泉州。蒲寿庚有杰出的商业才能，带领蒲家成为泉州当时最富有的家族。在取得一次抗击海盗战斗的胜利后，蒲寿庚被南宋政府任命为"泉州提举市舶使"，掌管泉州对外贸易、关税征收，也成为当时泉州航标管理机构的长官，这极大改变了蒲寿庚的命运以及蒲氏家族的命运。宋元易代之际，蒲寿庚选择弃宋降元，受到元世祖的优待。他利用自己和家族的影响力，积极恢复和发展泉州海外贸易，与上百个国家建立了贸易关系，市舶司管理的海船数量一度达到一万五千多艘。蒲寿庚长子蒲师文还代表元朝政府祭祀妈祖，赐封妈祖为"护国明著天妃"，开创了官方册封航海女神妈祖的先例。终元一代，蒲氏三世显赫，长期把持市舶司，直到元末遭遇"亦思巴奚之乱"，蒲氏一族才逐渐破败。此后，随着番商大量逃离，泉州港繁华不再。

六胜塔位于金钗山之巅，姑嫂塔建在宝盖山之上，两者相距并不远，宋元时期出入泉州港的船舶就以它们为导航标志。作为市舶使的蒲寿庚想必一定知道这两座灯塔，说不定还亲自登塔，远眺络绎不绝的海外商船，亦未可知。

罗星塔

 地理位置

福建省福州市马尾区罗星山上

 始建时间

南宋

 塔高

31.5米

 特色

罗星塔也被称为"中国塔",主要作为地标使用。塔身保存着大量的航标灯龛,曾经被作为航标灯使用,如今被列为第七批全国重点文物保护单位,已没有航标助航功能。

 塔身构造

八角七级楼阁式建筑,塔座直径8.6米,内外均设神龛,每层均建拱门,全塔采用石材砌筑,塔身赭黄色,可拾级而上,外有石砌栏杆和泻水塘。

罗星塔
穿越千年的爱情故事

◎ 王路生

> 后人似乎更愿意相信"柳七娘"这个版本，也许不仅是因为柳七娘变卖家产建造的这座塔代表了爱情，还因为她在塔顶点燃的那一盏为夜航船只引领航路的灯更代表了人间大爱。

位于福建马尾的罗星塔素有"中国塔"之美誉。关于这座塔最初由谁建造，民间流传着不同的说法，但人们似乎更愿意相信"柳七娘建塔"这个版本。

秦朝有孟姜女为寻找丈夫，哭倒长城，流芳千古；宋朝有柳七娘为纪念丈夫，兴建石塔，流传千年。这座石塔就是罗星塔。据王应山《闽都记》记载，柳七娘为广东岭南人，因容貌俊美、性格温婉，不幸被乡里的恶霸看中。恶霸便联合贪官污吏设下圈套，诋毁其夫柳七郎有罪，然后调其入苦役，流放到福建服役，以逼迫柳七娘就范。恶霸以为如此便可以使柳七娘服软，但他们显然低估了柳七娘的忠贞和毅力。既无力抗争，原本柔弱温婉的女子便咬紧牙关，不顾征途漫漫，不顾旅途劳顿，不顾前途渺茫，毅然决然随夫同行。

柳七娘跟随丈夫，经过无数个辗转难眠的夜晚，历经波折，终于到达目的地。本以为可以获得暂时的喘息，不料属地衙役变本加厉，不断压榨，从生理和心理上对柳七郎进行双重折磨，不久柳七郎便被折磨至死。面对着亡夫冰冷的身体，柳七娘肝肠寸断，悲恸欲绝，却无力回天。面对恶霸的欺压凌辱，对爱情忠贞不渝的柳七娘始终宁死不屈，她暗暗下定决心，要用尽全部的力量，为他们的爱情建立一座不朽的丰碑，以此悼念亡夫。此后，柳七娘想尽办法逃离魔爪，后变卖家中所有财产，在丈夫生前的劳役之地建造了一座石塔，为其祈求冥福。石塔建成后，柳七娘时常在夜晚登塔远眺，思念亡夫。在塔顶，柳七娘总能看见江面上有船只相撞、触礁、沉没，为避免此类情况，她便想办法在塔顶点了一盏灯，为夜航的人引路。从此以后，罗星塔逐渐成为引路的灯塔。

图 3-1　罗星塔前矗立着柳七娘像（摄影：王明超）

另一个版本是，很久以前，有个叫柳三娘的女子嫁给穷苦的种田人张水生，日子虽过得清贫但小两口很恩爱。有一年遭遇大旱，田地颗粒无收，官兵又时时过境，非抢即夺，夫妻俩的日子无以为继，于是水生决定漂洋过海去马六甲谋生。他们还特意选了农历三月十三这个日子动身，因福州话里"三"与"生"同音，十三即十生，十生无一死，最是吉利。临走时夫妻二人约定，此去无论赚不赚钱，快则半年，慢则两年，一定要回来。岂料水生这一去便是三年，杳无音讯。之后，柳三娘每隔一日就到磨心石上眺望江口，直望到满头青丝变白发，也不见水生回来。最后，柳三娘知道水生不会回来了，心灰意冷，纵身跳下闽江。

乡人可怜柳三娘望夫之心如此坚贞，就在她立脚的磨心石上垒石建成"磨心塔"来纪念她。今天我们看到的罗星塔立于三江口之滨，而当时的石塔却位于江中，由于塔下的小山丘突立水中，滔滔江水汇入东海时便在此出现旋涡，宛若磨心，因此这座小山丘被称为"磨心石"，这座塔也就被称为"磨心塔"，乡人也取其"江水难磨一片心"之意。后人因"罗星"与"磨心"谐音，且更风雅，就改称"罗星塔"。

关于建塔初衷，后人似乎更愿意相信"柳七娘"这个版本，也许不仅是因为柳七娘变卖家产建造的这座塔代表了爱情，还因为她在塔顶点燃的那一盏为夜航船只引领航路的灯更代表了人间大爱。矗立江海中央的高塔，正如柳七娘的忠贞和不屈的品格，无论面对的是波涛汹涌的滚滚江流，还是风潇雨晦的黑暗岁月，一直守望着，为亲人祈福，也为沿岸渔民护航；它承载着柳七娘思念亡夫的愁绪，更为往来的船只指引方向。柳七娘化悲痛为力量，筑起最坚固的瞭望塔，树立了一座坚不可摧的意志丰碑，用灯塔的光亮驱散黑暗，照亮船只前行的道路，让人看到信念的曙光。

图 3-2　今天的罗星塔静静地屹立在闽江之畔（摄影：吴泉凯）

参考资料：

王应山.闽都记 [M].福州：海风出版社，2001.

沈钦洪.远去的罗星塔 [EB/OL].(2023-06-23)[2024-07-24].https://mp.weixin.qq.com/s/iJV4oMWQxWwZh7hjlwaMAw.

罗星塔的传说 [EB/OL].(2019-11-28)[2024-07-24].https://www.jianshu.com/p/9ccee9ca55dc.

罗星塔见证马江海战

杨弘赑

　　罗星塔位于福州闽江下游的罗星山上,《福建通纪》中对罗星山有这样的表述:重山环抱,层层锁钥,固七省（从辽宁至广东）形势最胜之区。想要通过水路进入福州城,一定要经过罗星山,也因其地势险要,这里自古以来便是兵家必争之地。罗星塔的第二层有一方塔铭,铭文中将罗星塔所处的地理位置和作用概括为"中流砥柱,险要绝伦,以靖海疆,以御外侮"。

　　罗星塔见证了1884年的中法马江海战。

　　马江位于福建福州东南,是闽江下游海军天然良港。清政府海军福建水师和洋务派创建的福州造船厂均在此港。清光绪十年（1884）《中法会议简明条款》（又称《李福协定》）签订后,法国侵略者并未满足,决定从海上进攻中国。当时,法国拥有9艘军舰,共计14514吨,摆在罗星塔的南面和东南面,另有鱼雷艇2艘。福建水师8艘战舰停泊在马江边的罗星塔西面,3艘停在罗星塔东面。从吨位、防护能力、重炮数量、兵员素质等方面比较,中法两国海军实力相差悬殊,法国舰队占据显著优势。七月初五,法海军陆战队一部在罗星塔登陆,夺去三门克虏伯大炮。此后几天,法舰驶向下游,逐次轰击闽江两岸炮台,炸毁无数民房,然后鱼贯而出,退至马祖澳（定海湾）。清军水师毫无还击之力。

　　马江海战的惨败,导致中国东南沿海与台湾海峡海权被拱手让给法军。究其原因,主要是清朝政府的妥协政策和前线将领的昏聩畏敌,以及中国军事技术落后于法国的事实。

　　罗星塔曾被誉为"中国塔",至今仍矗立在马江边上的罗星塔公园内。

它在马江海战中身中数弹，塔刹被炸掉，见证了中国军民在马江海战中的英勇奋战，也让中国人彻底觉醒："落后就要挨打。"罗星塔是中国历史的见证者，而它自己本身，也成为中国历史的一部分。

参考资料：

中法战争之马尾海战 [EB/OL].(2004-04-25)[2024-07-24].https://mil.news.sina.com.cn/2004-04-25/1133195430.html?domain=mil.news.sina.com.cn&vt=4.

罗星塔：从一个爱情传说到闽江的门户标志 [EB/OL].(2023-06-07)[2024-07-24].https://article.xuexi.cn/articles/index.html?art_id=337535702504763476&cdn=https%3A%2F%2Fregion-fujian-resource.

三峰寺塔

塔高

27.4米

始建时间

宋绍圣三年（1096）

地理位置

福建省福州市长乐区吴航街道塔山公园内

特色

造型优美，雕镂精致，各层的塔壁浮雕及壁龛内的圆雕多取材于佛教故事，造型生动，神态逼真，是研究宋代建筑石雕艺术的珍贵实物，是如今唯一耸立于南山（又称塔山）的与郑和有关的遗址，是研究郑和下西洋及其宗教信仰的重要实物资料。今寺废塔存，1961年5月被列入第一批省级文物保护单位，2006年入选全国重点文物保护单位名录。

塔身构造

八角七层仿楼阁式建筑，石构，塔内有石梯，可以登至塔顶。

三峰寺塔
郑和下西洋的航标

◎ 曾镇海

"此处甚好，以后这就是我们进出太平港的航标塔。"

三峰寺塔，位于福建省福州市，也被称为圣寿宝塔，始建于宋绍圣三年（1096），政和七年（1117）竣工，据说是为了庆祝宋徽宗赵佶的35岁寿诞而精心建造的。塔的第二层檐上，至今仍然保留着一块古老的石匾，上面刻着"圣寿宝塔"几个字，这是对这座古塔的明确标识。此外，在第七层

图4-1　第二层塔檐上"圣寿宝塔"石匾（摄影：王明超）

图 4-2　三峰寺塔一角（摄影：王明超）

　　的塔壁上还发现一块刻有铭文"圣寿宝塔时政和丁酉十一月二十三日圆满"的石碑，这块石碑为我们提供了关于三峰寺塔更详细的信息。

图 4-3　阳光下的三峰寺塔略显古旧（摄影：王明超）

　　三峰寺塔所矗立的福州长乐太平港，地处福建省东南部，闽江口南岸，是郑和下西洋时的重要港口。太平港原名吴航头，别名河阳港。明永乐三年（1405），为了展示大明国的威严，加强与海外国家的友好往来以及开展海上贸易，三保太监郑和奉永乐皇帝之命率领船队远航西洋。船队远赴西洋时，必经吴航头。明永乐七年（1409），为了祈求往返航行的船只太平安顺，郑和将此地改名为"太平港"。郑和七下西洋时，每次出航前都会在太平港停留休整。这也是他出海前待的最后一个地方，休整期间招募水手、修造船舶以及祭祀海神等重要的准备工作，都在这里进行。

明永乐十一年（1413），郑和在下西洋的过程中再次在太平港驻泊停留，等待东北季风来临，以便开洋出海。当时他需要一个可以登高俯瞰港口和船队的地方，恰巧看到不远处的三峰寺塔。于是，他叫来随从，询问这座石塔的出处。

一位随从说："大人，这座石塔是为宋徽宗祝寿而建的。"站在旁边的另一位随从站出来反驳道："错了错了，这座石塔据说是当时长乐金峰华恩人林昂捐资和僧人景休募缘共同修建的，耗费了近21年的时间才建好，这是为了给当时被金人俘虏的宋徽宗、宋钦宗祈福的，所以才命名为'圣寿宝塔'。"无论是给宋徽宗祝寿，还是为宋徽宗祈福，郑和都不认可。他对侍从说："赵佶是庸君，被金人所俘，丧身北国，这座石塔如是为他祝寿，寓意不好，象征着他的死亡和北宋的衰败。"随后郑和注意到石塔周边有三座耸立的山峰，便以南山有隐屏、香界、石林三峰相连为由，将圣寿宝塔改名为"三峰寺塔"，并手书匾额，悬挂于石塔之上。郑和还仔细询问了石塔的具体情况，并进入塔内参观，发现这座石塔除了"圣寿宝塔"这个名字，没有什么别的缺点，便对自己的属下说："此处甚好，以后这就是我们进出太平港的航标塔。"而后，又命人对三峰寺塔好好修缮一番。此后，为了一览船队，郑和

图 4-4　"雁塔"石匾（摄影：王明超）

经常登上位于太平港西侧的三峰寺塔远眺整个太平港，同时凭借三峰寺塔的位置为船队出入闽江口确定航线。

　　在这以后的多年里，三峰寺塔经过多次修缮和扩建，逐渐成为郑和下西洋船队进入太平港的重要标志。据史书记载，明宣德六年（1431），郑和第七次下西洋前夕组织了对三峰寺塔和天妃宫的大规模整修，并在天妃宫左侧修建了宏伟的三清宝殿。如此，南山上的塔、寺、宫、殿相互辉映，构成一幅壮美的画卷，用郑和的话来说就是"画栋连云，如翚如翼"。然而，在历史的更迭中，仅仅留下三峰寺塔作为郑和所建建筑的见证。

　　永乐帝死后，明廷上下认为下西洋耗费国力，为防止后世效仿，便将航海图及船只设计图付之一炬，自此之后，中国开始闭关锁国。长乐知县潘府"奉诏毁寺"，拆了三峰寺，古塔也重新命名，改为"雁塔"。在今天的佛塔一层的石壁上，还能看到明朝时期镂刻的"雁塔"二字，风格与古塔原有结构全然不搭。

宋、明往事如过眼烟云，如今的三峰寺塔已经成为历史留给长乐吴航儿女最大的遗产和最宝贵的精神财富，同时也是中国海上丝绸之路的重要象征。它不仅见证了中国古代的航海历史，还展示了中国古代建筑和雕刻艺术的精湛水平。无论是其独特的建筑风格，还是其背后的历史故事，三峰寺塔都吸引着无数的游客和学者前来参观和探索。

刻石示警

古时，开发长江山区航道时，人们会凿石为标，或在岩石上刻上简单的指导航行的方法。人们曾在瞿塘峡口和西陵峡中的崆岭滩的崖石上刻"对我来"三个大字，作为行舟的指导方法。

参考资料：

余少林.长乐圣寿宝塔：昔看郑和下西洋 今见海丝再辉煌[EB/OL].(2020-05-25)[2024-07-23].http://www.fzcl.gov.cn/xjwz/ztzl/clly/jdjs/202005/t20200525_3287263.htm.

徐文宇.福州长乐圣寿宝塔：600年前郑和下西洋的航标[N/OL].(2023-04-13)[2024-07-23].https://mag.fznews.com.cn/fzwb/2023/20230413/20230413_A08/news-fzwb-15177-20230413-e-0(b)8-A08-300.pdf.

三峰寺塔：历经福建三大地震而不倒，见证明朝下西洋往事[EB/OL].(2020-07-28)[2024-07-24].https://baijiahao.baidu.com/s?id=16734755062495828 90&wfr=spider&for=pc.

周冬.穿越618年，跟着郑和一起劈波斩浪从长乐出海[EB/OL].(2023-07-12)[2024-07-24].http://fjnews.fjsen.com/2023-07-12/content_31359441.htm.

郑和公园"三峰寺塔"[EB/OL].(2014-05-08)[2024-07-24].http://zmlfz.blog.163.com/blog/static/617157102014486 5853746.

三峰寺塔与宋代石雕艺术

谢志勇

三峰寺塔，又称圣寿宝塔，是北宋时期的重要建筑，始建于宋哲宗绍圣三年（1096），完成于宋徽宗政和七年（1117），至今已有900多年的历史。这座塔位于福建省福州市长乐区郑和公园西门，高27.4米，采用八角七层的仿楼阁式建筑结构，通体由石砌而成。

三峰寺塔不仅是宋代建筑艺术的代表作，也是研究宋代石雕艺术的重要实物。其塔基为大力士座，八面环饰狮子、牡丹等石刻图案。各层的塔壁浮雕及壁龛内的圆雕多取材于佛教故事。第一层塔壁上雕有文殊、普贤、五十罗汉、十六飞天乐伎及佛教故事的画面。一至六层有二十五面塔壁浮雕莲花座佛，分列两排，每排四尊，共二百尊。塔身转角各立一尊石雕护法天王，戴盔披甲，神态逼真。各类浮雕造型生动，风格古朴，展现了宋代石雕艺术的特点。

宋代石雕的主要形式包括浮雕和立体雕塑，这些石雕常用于门楼、牌楼、碑刻等建筑物件的装饰，显示了宋代建筑雕刻艺术的精湛技艺。宋代石雕艺术以其写实主义的风格、成熟的技法、装饰性与实用性的结合、多样的风格以及广泛的题材，成为中国古代石雕艺术的重要组成部分。

三峰寺塔不仅是有悠久历史的古建筑，更是研究宋代石雕艺术不可或缺的珍贵实物。后人通过对其塔身装饰的观察和分析，可以进一步了解宋代石雕艺术的特点和发展趋势。

图4-5 塔壁浮雕（摄影：王明超）

参考资料：

中国名塔之"三峰寺塔"[EB/OL].(2014-07-19)[2024-07-24].https://www.clskl.cn/html/152/2014-07-09/1556011363.shtml.

余少林.长乐圣寿宝塔：昔看郑和下西洋 今见海丝再辉煌[EB/OL].(2020-05-24)[2024-07-24].https://new.qq.com/rain/a/20200524A0H9ZR00.

长乐三峰寺塔[EB/OL].(2012-10-20)[2024-07-24].https://www.clnews.com.cn/html/7/2012-10-20/11542066.shtml.

江心屿双塔

地理位置

浙江省温州市瓯江江心的孤屿上。江心有东、西两峰，东为象岩，西为狮岩，两岩上分别建有东、西二塔。

特色

东塔塔身中空无顶，塔顶自然生长一株一百多年树龄的榕树，无土培植，根垂塔中，全年常绿。

塔身构造

西塔：底径七米，塔身六边形七层，中空，楼阁式青砖仿木构建筑。塔每层每面均有小佛龛，内置石雕佛像，塔周围置青石坐凳。今塔仍保持宋代风格；

东塔：底径八米余，塔身六边形七层，青砖围砌。过去外围层层有平座、栏杆和出檐，内有扶梯直上塔顶，可俯瞰瓯江澎湃，饱览风光旖旎的鹿城全貌，现只有中空无顶的塔身。

始建时间

西塔：北宋开宝二年(969)，一说建于唐咸通十年(869)；

东塔：唐咸通十年(869)，一说建于北宋开宝二年(969)，曾毁于兵火，南宋绍兴十年(1140)重建。

塔高

西塔：32米
东塔：28米

江心屿双塔

沧桑残缺，形如烟囱，千年东塔到底经历了什么

◎ 江心屿提升改造（朔门街区）指挥部办公室 文化组

文章转载自微信公众号《孤屿志》

> 正是西塔的完美、东塔的残缺，成就了江心屿的独一无二。

江心双塔是江心屿的标志，更是温州城市的标志。双塔饱经风霜，屡经修砌，留存至今。然而，素以"双胞胎"著称的东、西双塔有着截然不同的命运。

西塔主体完整，造型精致；而东塔无檐无顶，形如烟囱，坐落于江心屿东山之巅。然而，正是西塔的完美、东塔的残缺，成就了江心屿的独一无二。去江心屿游玩，很多人留下的合影照片往往是西塔，残缺的东塔却在静默中诉说着世事的沧桑。

关于东塔的始建年代，文献记载中说法不一。明弘治十六年（1503）的《温州府志》与嘉靖十六年（1537）的《温州府志》中均记载："唐咸通建西塔，宋开宝建东塔。"清康熙二十四年（1685）的《温州府志》中则记载"东塔唐咸通建"。

但有学者认为，东塔应建于宋天圣年间。现存最早记载东、西塔始建年代的文章为永嘉人刘愈在南宋绍兴十一年（1141）所记的《东西塔记》。其文章中提到："龙翔、兴庆

二峰之巅，旧有宝塔，其西建于后唐之末，其东建于我宋天圣间。"

　　东塔曾毁于战火，南宋绍兴十年（1140）重建。据《东西塔记》记载："其东则撤而筑之，凡形制严饰，悉与西塔等。"由此可知，东塔是按照西塔的样式重建的，可以说，重建后的东塔是西塔的复制品。东塔在元代至正，明代洪武、万历，清代乾隆年间也曾几度重修。

图 5-1　江心屿西塔风光（摄影：陈声镕）

图 5-2　江心屿双塔夜景（摄影：翁卿仑）

据王渊《重修西塔记》载，明洪武十年（1377），"……撤旧作新……其费缗数一万二千有奇。始事于洪武十年丁巳冬十月，讫于明年戊午秋八月"。王典《重修江心孤屿东塔记》载：明万历十九年（1591），修东塔"自上而下"，"召工计费，千金有余"，"经始于辛卯孟秋望日，落成于壬辰冬月朔日"。傅永绰《重修江心寺西塔碑记》载：乾隆年间，"李公琬守郡时，曾修东塔"。

图 5-3　《江山胜览图》局部（供图：黄瑞庚《温州江心屿》）

图 5-4　东塔内壁（供图：温州航标处）

　　元代著名的宫廷画师、温州人王振鹏于元英宗至治三年（1323）所作的《江山胜览图》中，瓯江中的江心屿被重笔描绘，其中的江心东塔与龙翔、兴庆禅院清晰可见，西塔却不在画中。据此可以推测，西塔在元至正年间曾经塌毁，"复制"西塔的东塔虽有修缮，但未曾塌毁重建。

　　西塔檐牙高啄，自有一派古典建筑之美。东塔不仅没有腰檐，还缺了塔刹。

　　东塔高28米，底径8.4米，青砖围砌，每层塔面尚有莲瓣形佛龛，内置造型精致的石雕佛像。外围层层有平座、栏杆和出檐，内有扶梯直上塔顶，塔顶可俯瞰瓯江澎湃，饱览风光旖旎的城区全貌。而如今，塔心空了，再也不能攀登了。

　　1876年温州辟为通商口岸后，英国人在东塔山下建领事馆和巡捕房。后来，英方借口警卫需要，强迫温州地方当局拆除东塔内外的飞檐走廊，只剩中空无顶的塔身，看上去就像个烟囱。也有传言说东塔周围的鸟群带来大量鸟粪落在领事馆周围，加上嘈杂的鸟叫声，惹得英国领事十分恼怒，于是拆檐赶鸟。虽然这些传言没有官方记录，但古塔中空无顶的事实，却让东塔拥有了全新景观。

　　东塔无顶，却又一片葱茏，绿荫成顶，宛如华盖。也许是飞鸟衔在嘴里的几颗种子，不经意间撒落在塔顶，生根，发芽，渐渐长出根垂塔中的榕树。

百年以来，小鸟衔籽种树的传奇故事广为流传，"塔顶长树"成了江心屿东塔独有的标志。

东塔顶部曾丛生树木12棵，其中一棵小叶榕、两棵黄葛榕、两棵女贞、两棵柞木、五棵海桐，但没有橘树。无土之树全年常绿，为古塔平添了一抹亮色。

塔顶长树固然是奇观，但随之而来的还有坍塌的危机。1989年，温州市文物部门准备恢复塔顶、塔檐等。就近查看时，发现塔顶第七层至第五层塔身已开裂，最大裂缝处长达12厘米，直接原因就是塔顶的这些树。文物部门打算把树除去，恢复塔顶。为慎重起见，他们向社会公众征求意见，"保塔还是保树"的争论由此开始。由于恢复东塔原貌所需的180余万元资金无处着落，修复计划就此搁浅。

争论持续了17年多，文保单位与媒体还联合发起了"保塔还是保树"的大讨论。最初的修复方案倾向"保塔除树"，因担心塔顶上的十几棵树在狂风骤雨来临时狂摇不止，对本已出现裂缝的塔体造成致命威胁。按有些专家的说法就是：绿树长在塔上，如同毛长在皮上，若是塔倒了，还有什么塔顶绿景可赏？这是"皮之不存，毛将焉附"。但也有人认为，塔顶杂树枝繁叶茂，

图5-5　1878年至1880年间美国人杜德维拍摄，
此时东塔塔檐尚存（供图：黄瑞庚《温州江心屿》）

图5-6　东塔顶上自然生长着榕树等植物（摄影：陈声镕）

是数百年来形成的奇景，如此难得一见的景观，还是保留为好。

东、西双塔，素有"世界古航标"之美誉。东塔的"塔榕共生"在温州人心中已形成了独特的文化情结。温州人对东塔塔顶之树饱含的眷恋之情，影响了文物部门的决策。

最终，相关部门决定在保证塔体安全的前提下，维持"塔树共生"这一奇观。2006年，东塔经历新中国成立后的首次大规模修缮：缝补壁面裂隙，

图5-7　东塔外墙上，可见结构拆除后的痕迹（摄影：陈声镕）

图 5-8　1982 年江心屿西塔维修时情景
（摄影：林其勉）

立标指浅

元代至大四年（1311），因漕运需要，官府同意常熟州船户苏显的建议，由苏显自备两只船抛于刘家港（今江苏省太仓市浏河镇）西暗沙嘴二处，树立旗缨，指引粮船绕过浅滩，是谓"立标指浅"。

不锈钢材料固定塔身，为塔身涂上防风化涂料；清理枯死病弱的小树，保留具有代表性的树木。此次维修保护了东塔绿荫的形象，又减轻了树木根系对塔身结构的影响。

相比之下，西塔的命途似乎平顺了许多。塔身主体完整，多数斗拱构件仍保留宋代建筑风格。每层每面设有壶门式佛龛，除底层外，每个佛龛皆供宋代石刻佛像一尊。西塔的修理程度频率也高于东塔，经历了数次大修。1933年重修时，盘旋至塔顶的楼梯被拆除。1982年，因塔身倾斜，再次进行了加固修理，并装上了避雷装置，基本保持了西塔的原貌。

参考资料：

汤章虹．温州古塔 [M]．北京：中国戏剧出版社，2009.
孙建舜．鹿城人文景观 [M]．北京：中国民族摄影艺术出版社，2014.
黄瑞庚．温州江心屿 [M]．北京：中国民族文化出版社，2019.
郑梯燕．温州江心屿东、西塔始建年代辨 [J]．文物建筑，2017，9：41-48.
高永兴．江心孤屿双塔溯源 [J]．浙江建筑，2004(1)：8-9.

江心屿双塔与朔门古港遗址

朱 卉

自宋代至清光绪年间，江心屿双塔塔顶夜灯高照，成为引导船只来往温州港的重要灯塔。它们的存在便是附近曾有繁华大港的印证。从留存至今的史料中我们可以知道：白天行船时，只要目测双塔并为一线，正指示瓯江上的安全航道，就可以不绕道而直达码头。不仅如此，彻夜灯火高照的江心屿双塔也为船舶夜航起到了指引方向的作用。

2022年仲春时节，浙江第二大河流瓯江两岸春意尽显。与江心屿东、西双塔隔水相望的望江路上，一处宋元古港遗迹正向世人展现真容，人们方才深切地感受到千百年来，温州最热闹的地方原来就在双塔的对岸。在这里，人们可以感受千年前温州的海上繁华景象。

双塔对岸便是温州朔门古港遗址，经浙江省文物考古研究所与温州市文物考古研究所联合组队发掘，发现了大量保存较好的古代建筑遗迹、两艘沉船以及数以吨计的宋元瓷片等。朔门古港的发掘，增加了一个深埋地下、鲜为人知的宋元到明清时期海上交流的重要港口。遗址中的瓮城、码头、航道，加上江心屿这一"世界古航标"，共同构成一个完整的体系，重现了元代宫廷画家王振鹏所绘《江山胜览图》里鳞次栉比、商贾云集、舟行如织的热闹景象。

江心双塔、纵横交错的水网、沿江密布的码头和各类建筑，共同造就了温州港江海贸易的兴盛。千年以前，龙泉瓷从这里扬帆起航；千年之后，古港遗址与江心屿双塔隔水相望，又焕发出新的生机与活力。

图 5-9　江心屿全景（供图：黄瑞庚《温州江心屿》）

图 5-10　江心屿全景（摄影：翁卿仑）

图5-11　20世纪60年代江心屿码头（供图：黄瑞庚《温州江心屿》）

图5-12　江心屿（摄影：陈声镕）

天封塔

 地理位置

宁波市海曙区大沙泥街
西端与解放南路交汇处

 始建时间

唐武后天册万岁至万岁
登封年间（695—696）

 塔高

51米

 特色

海上丝绸之路的重要
文化遗存，塔壁上发
现了法国三帆阿尔克
梅纳号上多名海员题
画的名字。

 塔身构造

仿宋阁楼式砖木结构塔

天封塔

天封塔奇闻逸事两则

◎ 金奇良

> 只见斧头刚好砸到那根木头上，木头"咔嚓"一声裂开，居然露出了塔的模型。

天封塔是旧时宁波的标志性建筑，有关塔的传说在民间广为流传，这里选择有代表性的两则奇闻逸事，以飨读者。

一、江西人识宝定风蛛

很久以前，天封塔旁有一块由几条小河交汇而成的三角地，每到傍晚，住在天封塔顶上的定风蜘蛛就张开明亮的双眼，将这片三角地照得很亮堂。老人们在这里聊天，小孩也在这儿尽情地玩耍。

三角地里住着一户穷苦人家，儿子名叫阿毛，是个捕鱼人，年逾四十，还未成家，他阿姆一心想抱孙子，因此每逢节日便拎香篮，背香袋，东拜菩萨西拜佛，祷念儿子早结良缘。日子一长，香篮变旧，偶然朝山拜佛也用不大上了，因此便把香篮吊在纸窗横边。想不到从此每到半夜三更，定风蜘蛛就从天封塔顶爬过来钻到这只香篮里休息，白天又顺着自己吐出的银丝爬上去，日日如此。

一日，江西来的识宝人来到阿毛家门口，抬头看见一根银丝伸向天空，连接在天封塔顶，心里一热，自说自话道：
"今天我终于寻着宝贝了！"于是来到捕鱼人家门口对阿毛娘
讲："老阿姆，你家窗边的这只旧香篮卖给我好伐？"阿毛娘
心里一忖："这么破的旧香篮要让我卖给他，这里面肯定有点
名堂。"

　　于是她看了看江西人说："不卖。""我给你十两银子，你
卖不卖？"阿毛娘心想这里面愈加有名堂了，就假装说："不
卖不卖，这一点点银子谁稀罕。"识宝人心一横，道："我出
一百两，好么？"阿毛娘觉着更奇怪了，就问："老先生，你
出这么大数目银子买我一只旧香篮派啥用场，你如果不讲出

图6-1　天封塔牌匾（供图：许文韬）

图6-2　天封塔旧照（供图：许文韬）

底细，随便你出多少银子我也不卖。""好好好，我讲实话，我不是要买你的旧香篮，我是看中了你家旧香篮中的蜘蛛。这只蜘蛛放在你家里没用，但如果我拿到千里之外的海上，就会派上大用场了。这样吧，我出五百两银子买你的香篮，这样你不但好给儿子娶媳妇，以后还好尽享清福。"阿毛娘有点心动，但又想到这是个大事情，还是和儿子商量商量再讲，就对识宝客人讲："反正白天这只蜘蛛也没在，你还是吃过晚饭再来吧。"

　　晚上，儿子阿毛一回到家，阿毛娘就对他讲起白天江西人要来买蜘蛛的事情。阿毛听后对阿姆讲："阿姆，这是不能卖的。虽然我们家急等钱用，但这只蜘蛛是镇塔之宝，一旦卖掉，天封塔就要坍掉。天封塔一倒，宁波就不太平了。"阿毛娘想，这些话非常在理，于是问："你说得对，咱们不能卖，但是用啥办法去应付识宝客人呢？"阿毛讲："江西识宝客人买不成肯定要偷，提前叫四邻八舍各准备一面铜锣，没有铜锣的，铜脸盆也好，到夜里只要如此这般，江西识宝客人肯定空手回去。"

不出所料，江西识宝客人又来打香篮的主意，被阿毛严词拒绝，只好假装回去了，其实是藏在附近，准备半夜动手。

天黑以后，定风蜘蛛又顺着银丝爬到香篮里休息。江西识宝客人一看周围没人，便走到阿毛家，抬手就要摘香篮。

刹时间，四周铜锣响成一片，香篮里的定风蜘蛛知道出事了，便快速爬出香篮，向天封塔顶飞遁而去。随着蜘蛛的移动，银丝也随之收去。

江西识宝客人这时候动了恶念，趁大家不注意，一把火点燃了天封塔。只见天封塔烧一层就往地下陷一层，火借风势，瞬间就烧掉五层。眼看就要烧到天封塔顶，定风蜘蛛也将被江西识宝客人拿去，正当他得意之时，忽听天上一声响雷，瓢泼似的大雨霎时浇灭了大火。

原来十八层的天封塔只剩下十三层，从此以后，这只定风蜘蛛也再没在天封塔顶上出现过。

二、鲁班显灵天封宝塔

宁波书藏古今，港通天下，是唐代海上丝绸之路的起点。相传唐太宗李世民在位时，政通人和，百业俱兴，只是明州（宁波唐时称明州）老是发大水，田地被淹没，房屋被冲垮，老百姓苦不堪言。

一天夜里，李世民梦见一位长须飘飘、白发满头的仙人，他手拿一柄长长的拂尘对李世民说："皇上呀，我送你一颗宝珠，你派人去宁波造一座塔，再把这颗宝珠嵌在塔顶上，从此明州就不会再发大水了。"李世民暮地从梦中惊醒，那白发仙翁早已不见踪影，唯见枕头旁有一颗硕大的宝珠熠熠生辉。天刚亮，李世民立刻召见大臣，当即派人带着宝珠和一道圣旨来到宁波。

大臣奉旨前来，刺史老爷丝毫不敢怠慢，连忙召集当地所有的能工巧匠日夜为新塔设计造型。究竟要把塔造成什么样子，才配得上皇上送来的那颗宝珠呢？能工巧匠们心里全无底数，气得刺史老爷不仅吹胡子瞪眼，还好几天吃不下饭。最后，刺史老爷只好将这差事委托给专门管理泥、木作的官员："你立刻派人设计，不仅要将塔设计得高耸入云，还要玲珑精致，外形美观，限你半年内拿出塔的模型来，不然就拿你问罪。"那官员姓崔，生得五大三粗，不通文墨，但又霸又贪，人称"催命鬼"。催命鬼岂有好办法，只得再次召集泥匠、木匠中的能工巧匠，叫他们拿出塔的造型设计来。可转眼四个月过去了，塔的造型还是没设计出来，急得那催命鬼团团转。

就在这当儿，他看见有一个老木匠佝偻着背，正在一边翻来覆去地摆弄一根大木头。他一会儿用斧头把那根木头劈得毛毛糙糙，一会儿用刨子将木头刨得精光锃亮，就这样刨一阵歇一阵，不知在弄些啥名堂，看得那催命鬼火冒三丈，气不打一处来。他当即冲着老木匠大吼起来："你这个老畜生，都四个月了，连一根木头都没刨好，你存心要让我在刺史大人面前交不了差是吗？我要叫人把你抓起来送进地牢！"

老木匠依旧和颜悦色，手抚银白的髯须说："我的活计已经做好，我不要你工钱，你也不用抓我，我自己会走。"说完，马上整理好刨子、斧头和榔头等，卷起铺盖就微笑着出门。气得催命鬼直跺脚。

老木匠走了之后，那些能工巧匠还是一筹莫展，谁也想不出好办法。眼看半年时间就要到了，那催命鬼这下真的成了热锅上的蚂蚁，看见老木匠摆弄了四个月的那根木头还靠在工棚墙壁上，气得顺手捡起一把斧头，狠命地扔了过去。

谁知，竟出现奇迹。只见斧头刚好砸到那根木头上，木头"咔嚓"一声裂开，居然露出了塔的模型。那玲珑的塔身六明六暗外加一个顶，共十三层，外头每层六只翘角，每个角上挂着一只铜铃，内有盘梯回旋直达塔顶。这光景让每个人看得目瞪口呆，惊叹不已。

"这岂是普通的木匠，分明是鲁班师傅显灵哪！"那催命鬼听工匠一说，想再寻找老木匠，但哪里还有他的踪影。没办法，催命鬼只得命令匠人们按照老木匠设计的木头模型造起天封塔。前后历经三载，这座巍峨壮观的宝塔才终于矗立在奉化江畔，塔顶供奉着皇帝李世民御赐的宝珠。自此以后，明州再也没发生过大水灾。

后来人们为了纪念鲁班师傅显灵、为民造福的大恩大德，特地在他劳作过的地方建了一座庙，并按老木匠的真身塑了一尊像，还把这座庙亲切地唤作"鲁班庙"。

烽火引航

　　明代永乐十年（1412），明成祖朱棣钦准漕运总兵官陈瑄奏请，在苏州府嘉定县之青浦筑土为山，其上"昼则举烟，夜则明火"，是谓"宝山烽堠"，引导船只进出长江。

天封塔，繁华闹市中的千年古塔

许文韬

> 天封塔，十八格，
>
> 唐朝造起天封塔，
>
> 沙泥堆聚积成塔，
>
> 鲁班师傅会呆煞。

或许你没有听过这首宁波童谣，但天封塔作为老宁波的标志性建筑，早已融入宁波人的日常生活。在车水马龙的闹市街头，天封塔似乎与周围林立的高楼大厦格格不入，但任谁见了，也忍不住驻目流连，想要一探究竟。

在古代，天封塔一直是宁波的最高建筑。它始建于唐代，后多次损毁，又多次修缮，一直屹立至今，见证着这座城市的风雨。

天封塔俗称唐塔，据《四明六志》和《鄞县通志》记载，天封塔始建于唐武后天册万岁和万岁登封年间（695—696），故名"天封"，原塔高18丈（51米），为六角形结构。

到了南宋建炎四年（1130）金兵第二次侵犯宁波时，唐塔被毁，直到14年后的南宋绍兴十四年（1144）才得以重建。此后，该塔又经历了数次修建。到了清嘉庆三年（1798），该塔七级俱毁，新旧碑版，无一存者。

1984年，宁波市政府邀请全国文物专家进行论证，最后决定重建天封塔落架，并于1989年12月完工。重建的天封塔是按出土的南宋天封塔模型建造的，为仿古的完整六边形宋塔。

天封塔为中国江南特有、典型的仿宋阁楼式砖木结构塔，具有宋塔玲珑精巧、古朴庄重之特点，是古代明州港江海通航的水运航标、港城的重要标志。

历经千年，天封塔成为宁波历史的见证者，也是海上丝绸之路的重要文化遗存。

泖塔

 地理位置

上海市青浦区沈巷镇张家圩村

始建时间

唐乾符年间 (874—879)

 塔高

塔身主体：20.6米
总高：28.2米

特色

结构简洁，造法工整，具有典型的唐代风格。1962年成为上海市文物保护单位，1997年10月被国际航标协会评为"世界历史文物灯塔"，2002年5月被国家邮政局列为《历史文物灯塔》特种邮票发行，现为上海青浦太阳岛旅游度假区内一景点。

 塔身构造

五层四面方形砖木结构，塔基边长8.63米，结构简洁，造法工整，具有典型的唐代建筑风格。

泖 塔

泖河之心：千年古塔的传奇之旅

◎ 韩 毅

> 这座塔如同一个璀璨的明珠，镶嵌在泖河之中，成为来往船只的航标。

在历史的长河中，泖河，这条宛如丝带般蜿蜒流淌的河流，仿佛静静地诉说着一个传奇的故事。唐乾符年间（874—879），一位名叫如海的僧人在泖河中央筑起了一座高台，并建起了一座五层的方形木塔，这便是澄照禅院。而这座塔如同一个璀璨的明珠，镶嵌在泖河之中，成为来往船只的航标，每当夜幕降临，塔顶便会挂起一盏红灯，为那些在黑暗中迷失方向的船只指明方向。塔身巍峨耸立，仿佛诉说着如海僧人的慈悲与智慧。

随着时间的推移，澄照禅院逐渐繁荣起来，香火鼎盛。宋景定年间（1260—1264），禅院更名为福田寺，亦名长水塔院，塔也随之被称为"福田寺塔"，因建在泖河中，人们便亲切地称它为"泖塔"。此时的泖河，浩渺宽广，泖塔便成了河上最为醒目的标志。

明天顺年间（1457—1464），僧人道泰募资修缮塔院；明嘉靖年间（1522—1566），林茂捐资修塔，而僧人智明则建造了大雄宝殿、宝藏阁和石护堤，陆树声及其兄弟更是慷

图 7-1　夕阳下的上海青浦泖塔（摄影：韩毅）

慨解囊，出资置办寺田；明万历十八年（1590），潮音阁的建成又为寺院增添了一抹亮丽的色彩。然而，清末民初战火纷飞，寺庙历经沧桑，大部分建筑在兵火中化为灰烬，只留下了孤独的泖塔。尽管历经风雨，泖塔依然屹立不倒，如同一位历经沧桑的老人，默默地守望着这片土地。

图 7-2 泖塔石牌（摄影：韩毅）

时光荏苒，如今的泖塔虽然已不复当年的繁华，但那份历史的厚重与沧桑依然让人心生敬畏。它静静地矗立在泖河中央，成为上海"三泖九峰"核心地带的标志。每当人们登上塔顶，远眺"三泖九峰"的美景，都会感叹大自然的鬼斧神工和历史的沧桑变迁。

泖塔的历史不仅仅是一段段简单的文字记载，更是一个个充满传奇色彩的故事。许多文人墨客都曾登临此塔，留下了许多诗文墨宝。朱熹的"江山一览楼"、宋徽宗的"云山堂"、赵孟頫的"方丈"、董其昌的"小金山"……这些匾额不仅为泖塔增添了文化气息，也成为后人研究历史的宝贵资料。徐霞客曾五次游历佘山，并泛舟眺望"九峰"。当他第

图 7-3 泖塔塔身结构（摄影：韩毅）

三次来到佘山时，特意转入泖湖，一睹泖塔的风采。他站在船头，远望泖塔在层波中熠熠生辉，不禁赞叹道："辉映层波，亦泽国之一胜也。"

泖塔不仅是一座古老的建筑，更是一个历史的见证者。它见证了泖河的变迁，见证了福田寺的兴衰，也见证了无数文人墨客的足迹。正是这些历史的沉淀和文化的积淀，使泖塔成为一个充满传奇色彩的建筑。

如今，泖塔已经成为上海一处著名景点，太阳岛旅游度假区的建立更是为这里增添了无限魅力。许多中外游客慕名而来，就为亲身感受这座千年古塔的风韵。他们登上塔顶，远眺"三泖九峰"的美景；他们漫步在寺院中，感受那份历史的厚重与沧桑；他们聆听塔铃风动的声音，仿佛听到历史的回声。

　　泖塔，这座千年古塔，用它的静默和坚守诉说着一个又一个传奇故事。它不仅是上海的一张名片，更是中华民族历史文化的重要遗产。让我们一起走进泖河之心，探寻这座千年古塔的传奇之旅吧！

图 7-4　泖塔周边环境（摄影：韩毅）

宝塔航标

　　唐乾符年间（874—879），僧如海于今上海青浦区泖河建泖塔，至宋代景定年间（1260—1264），改称"福田寺"，亦名"长水塔院"。泖河广阔，往来船只以泖塔为标志，夜间塔顶悬灯，指示航道。

参考资料：

　　青浦档案.泖河中的璀璨明珠——泖塔 [EB/OL].(2023-05-31)[2024-06-24].https://mp.weixin.qq.com/s/yWmqOteitOoaYWRl7QftqA.

云雾中的北麂山灯塔　供图：王珏玮

西凤塔影

第二篇

近代灯塔及多元文化的碰撞、交融

近代以来，铁路、轮船、电报、电灯等工业革命产物以及裹挟而来的西方文化思潮、伦理价值，严重冲击着中国传统社会。随着通商口岸的开辟，西方殖民势力不断深入，沿海及长江的航标管理权被列强控制。为服务殖民利益，旧海关海务部门建设了一系列新式灯塔，客观上对保障口岸、航道的通航安全起到重要作用。大戢山灯塔、花鸟山灯塔、青屿灯塔就是东海辖区近代灯塔的典型代表。面对千年之大变局，近代仁人志士提出"师夷长技以制夷""中学为体，西学为用""德先生和赛先生"等主张和口号，与西方文化剧烈碰撞、交融。归因于中华文明兼收并蓄的开放胸怀，以近代灯塔为代表的西方先进技术、设备和管理方法为国人所吸收与掌握，灯塔本身也被注入科学理性、技术革新的价值投射。

青屿灯塔

 灯高
41.4米

 塔高
10.1米

 管理权属
东海航海保障中心厦门航标处

 值守情况
无人值守

 历史沿革
1875年建成并发光

 特色
塔身采用独具闽南特色的黄岗岩材质，利用石砌工艺建造成八角形灯塔，内部为螺旋形石阶，通往塔顶，外墙贴红白竖条纹瓷砖。整座灯塔外观恢弘大气，兼具欧式建筑及闽南建筑风格。

 塔身构造
八角形黄岗岩石砌结构

 地理位置
福建省厦门市思明区鹭江街道青屿岛

 灯器参数
主灯采用TRB-400型灯器，射程18海里。副灯为ML-300型灯器。灯质为闪（4）白20秒。

 服务范围
是厦门进港航道的重要助航标志，为厦门港船舶提供可靠的安全保障。

青屿灯塔
韩得善与青屿灯塔的关系

◎ 尤璐芸

韩得善对中国灯塔事业的贡献是值得肯定的，他用技术改变世界，将青春全然奉献于灯塔事业，最终将中国建筑文化的精髓融入他所设计的建筑之中。

清同治七年（1868），五口通商往来贸易十分热络，但外来通商者对中国海域的情况并不了解。为进一步打开中国市场，保障来往船只的通行安全，总税务司赫德呈请总理衙门建置灯塔，以方便来往船舶通航，并将灯塔设计建造的管理权交于海关部门。根据《厦门海关志》记载，青屿灯塔是厦门海关修建的第三座灯塔，也是我国东南沿海现存最早的灯塔之一。

青屿灯塔由英籍工程师韩得善设计建造。韩得善出生于英格兰的汉兹沃思（Handsworth），完成学业后在英国詹氏兄弟灯塔公司任职，他对于灯塔的设计和建造一向都有独特的见解。1869年，韩得善受到清海关总署伦敦办事处主任金登干（J.D. Campbell）税务司的邀请来到中国修建灯塔。1871年，韩得善被聘任为大清海关总署首任总营造师（engineer in chief），从此开启了他长达20多年与中国灯塔相伴的日子。

　　韩得善一生致力于灯塔修建工作，是当时世界上为数不多的灯塔建筑师之一，所建造的灯塔数量更是世界第一。中国近代沿海灯塔的大部分工程均出自他手。韩得善工作认真负责、兢兢业业。作为灯塔修建工作的总策划师，他不仅要负责灯塔、浮标和附属建筑物的设计、工程建筑等一切有关改善沿河沿海航行条件的工作，更要监督所有相关公共工程，工作量可谓巨大。在同行中，韩得善以"喜爱挑战困难的工程师"著称。尽管当时建设灯塔的机构内部关系复杂，利益

图 8-1　青屿灯塔上刻着修建者韩得善得英文名（摄影：厦门航标处）

图 8-2　韩得善照片（摄影：大卫·马尔·亨德森）

图 8-3　青屿灯塔老照片（图片摘自《中国沿海灯塔志》1933 年版）

牵扯众多，管理层内部人员对韩得善的评价褒贬不一，但韩得善的工作能力以及对于灯塔事业所作出的贡献无人质疑。梅乐和曾在《中国沿海灯塔志》序言中称赞他："韩得善君勋劳尤著，盖以中国沿海灯塔，经韩君擘画建筑者，实居多数，而为任何工程师所不可及。"

　　韩得善在灯塔设计建造工作中坚持自己的艺术追求，永远保持着热情，力争完美，精益求精。在建造青屿灯塔时，为加快修建灯塔的工程进度，有人提议模仿中国已建成的灯塔来复制完成青屿灯塔的修建工作，但遭到韩得善毅然决然的拒绝。他并不简单地沿袭已经完工的灯塔的建造工艺，也不一味地模仿英式灯塔的风格，而是在修建灯塔前多次实地考察勘测、反复咨询相关专家教授、准备多种方案，又利用厦门港口水深、不冻、暗礁众多等地域环境和自然条件的特点，并采用中国民间传统的石砌工艺和中国传统花岗石材料，最终才完成青屿灯塔的建造。

　　青屿灯塔的设计体现了中国传统建筑最主要的特点——人为环境和自然环境有机融合。从利用石砌工艺、花岗石材料等细节不难看出，"不与自然抗争，结合当地环境条件设计灯塔"是设计青屿灯塔时的基本理念。韩得善在实际建设中注重使

图 8-4　从海上看到的青屿灯塔（摄影：厦门航标处）

用中国元素，将中国传统建筑文化巧妙融入其中，最终完成了沿海34座灯塔的建造工作。

　　青屿灯塔历经百年的沧桑和变化，是历史的见证者，如今依然仁立于大海之上，昼夜指引着中外船舶的安全进出，守护着一方安宁。

船钞股

　　清咸丰五年（1855），上海江海关应航商的要求，参照国外利用船钞修建助航航标的办法，开创了中国用船钞（吨税）修建航标的先例。1868年4月，海关设立航标管理机构船钞部（股），1912年改称海政局，1925年后曾一度改称海务部，后又改称海务科，直到新中国成立。

参考资料：

魏尔特 . 赫德与中国海关 [M]. 厦门：厦门大学出版社，1993.

班思德 . 中国沿海灯塔志 [M]. 李廷元，译 . 上海：海关总税务司公署统计科，1933.

牛山灯塔

 灯高

94米

 塔高

24米

 塔身构造

白色八角柱形石砌结构

 管理权属

东海航海保障中心福州航标处

 值守情况

有人值守

 地理位置

福建平潭东部海面（台湾海峡北口）

 服务范围

是台湾海峡北口通道的重要助航标志，也为船舶进出兴化湾水道和海坛海峡提供可靠的安全保障。

 历史沿革

始建于清同治十二年（1873）；1987年灯塔原址重建，同年10月通过验收并正式发光。

 **灯器参数**

主灯采用美国泰兰TRB-400型灯器，射程24海里；副灯为美国泰兰ML-300；备用应急灯器为TRB-400。灯质为闪（2）白12秒。

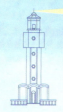

牛山灯塔

牛山灯塔最后的争夺战

◎ 陈红齐

　　一场夺岛抢灯塔的奇袭，虽然没有完全按照原计划实施，却也在几人抢占先机的情况下，赤手空拳完成了。

　　隶属于福建省福州市平潭县澳前镇南赖村的牛山岛，位于台湾海峡北段，当地人称之为宝山岛，是船舶经由我国南海继续北上的交通要道。同治十二年（1873），"万国公会"委派英国人在牛山岛建设牛山灯塔，旨在为船舶航行指引方向。抗日战争期间，由于牛山灯塔占有重要的军事位置，日本人对其虎视眈眈。1938年5月厦门沦陷后，日寇接管牛山灯塔，将其作为日军在台湾海峡北部海上运输线的导航要点。

　　1945年2月，英、美、苏签订《苏美英三国关于日本的协定》（俗称"雅尔塔协定"），规定在欧洲战争结束后3个月内，苏联应对日宣战。同年4月，为配合苏联盟军在中国沿海登陆，国民革命军决定发动福州反攻战，收复福州市。此时，占领牛山岛、争夺牛山灯塔的使用权迫在眉睫。牛山灯塔最后的争夺战也由此拉开帷幕。

　　4月初，平潭县县长林荫在得到上级收复牛山岛、占领灯塔的指令后来到南赖村找当地渔民了解情况。村东的老渔民讲起三年前发生的事情：那时日军已占领了牛山岛和灯塔，平潭自卫团为了捍卫主权，悄悄进驻牛山岛，在白俄罗斯人吴可夫的帮助下，埋下炸药将灯塔炸毁。不久之后，日军便再建了一座简易灯塔，盟国又派飞机将之炸毁。日军仍不死心，再次派人上岛，建造了一座隐秘的、更加先进的灯塔，将其作为监听我方军事行动的情报联络站，并派装备精良的士兵守卫，只要我方飞机一起飞，就立即发报，敌机立刻飞来截击，给我方的军事行动造成极大威胁。现在岛上的日军

图9-1　牛山灯塔夜色（摄影：杨永健）

9-2 在牛山灯塔前升起国旗（摄影：吴恩儿）

戒备十分森严，就算是当地渔民想上岛，也都要经过严格的盘查，武装力量想上岛就更难了。

岛上的情况让县长一筹莫展，这时，原少年团成员、观音澳潭城镇公所队副队长萧善宝和他的弟弟萧善清主动找到县长，说两人早就开始筹备奇袭牛山岛了。

萧氏家族祖祖辈辈都是附近老实巴交的渔民。1938年，两兄弟还小，父亲就被岛上的日本兵抓了壮丁，后来被日本人折磨到活活累死，连尸首都没找到，据说还没咽气就被扔进了海里。自此，两兄弟对日本侵略者的恨就深深地刻在骨子里。两兄弟长大后曾多次袭击过往的日本运输船舶，最近一直在留意牛山岛上的日军动向。

哥哥萧善宝是典型的渔港汉子，黝黑的皮肤，四方大脸，浓眉大眼，声音洪亮，笑起来露出一口雪白的牙齿，个子不高，短布裤子下的肌肉看起来充满爆发力。弟弟萧善清相对腼腆，不似哥哥那样善谈，皮肤也比哥哥白皙得多。萧善清向林荫简单介绍了岛上的情况。岛上一共驻扎了四名日本兵：一名支队长兼电台站长、一名电讯员、两名电讯技工。长枪有四条，都是"三八大盖儿"；短枪一把，在支队长手里；轻机枪一挺，放在上岛必经之路的临时防御工事里。兄弟俩跟林荫大致讲述了奇袭计划，林荫非常满意，几人针对细节讨论了一番，最后决定于4月16日上岛，按计划实施奇袭。

4月16日上午9点多，萧家两兄弟邀来王昌贤、念克若、念其望、细弟河，六人化装成渔民，没带任何武器，分别登上三艘不同的小渔船朝牛山岛驶去。小船靠岸后，盘踞在岛上的日军果然如预想的一样，对六人进行了严格盘查。面对两个持枪日军的搜身，六人按照计划顺从地配合着。细弟河因为身形格外威猛，日军不让他上岸，还用枪托狠狠地砸了一下他的后背。细弟河气不打一处来，眼睛一瞪眼看就要发飙，善宝立刻假作咳嗽，用眼神制止了他，细河弟就这样不情不愿地跟船回去了。其余五人在虚惊中顺利上岸，潜伏下来。

4月17日，与设想的一样，岛上起了大雾，五人捡了许多海螺、海贝在渔寮里煮着吃。几个日本兵见他们在渔寮里大吃大喝，禁不住诱惑，放松了警惕：支队长和一个电讯技工循声来吃，派另一个电讯技工去海边捡螺，此时灯塔只有一个电讯员把守。善宝见机会来了，叫来善清告知计划："我先带人把灯塔上的电讯员解决掉，你带人埋伏在岸边礁石旁，等捡螺的那个日本兵靠近后，就悄悄把他杀掉。然后我们拿着缴获的枪，回渔寮外汇合，再持枪进去迅速制伏里面两个。"

分工完成之后，两人开始行动。善宝挑拣了一盆煮好的海螺海贝，还舀

图9-3　1987年牛山灯塔在建（供图：福州航标处）

图 9-4　夕阳下的灯塔与"我"（摄影：陈雄）

了两瓢滚烫的开水在里面，带着王昌贤，摸到灯塔下面，调整好笑容，假意给守灯塔的电讯员送吃的。日本兵见到吃的也不再防备，正要伸手去接，善宝趁他放松警惕，突然发难，一盆热汤直接扣在他的脸上，顺势用胳膊死死勒住其脖子，防止他情急呼喊。日本兵吃痛反抗，慌乱中踢倒了桌子旁边的煤油灯。门外的王昌贤听到声音，立即搬着石头冲进来对着日本兵的头部猛砸下去。日本兵不动了之后，两人迅速拿起日军放在老巢里的三条长枪往山下跑去。

　　善清这边还没有带人埋伏好，就看到原来在寮内吃东西的日本兵支队长跑出寮来，朝山上灯塔的方向叽里呱啦地喊着什么。善清迅速作出决断，放弃埋伏捡螺的电讯技工，依仗大雾从后面快速向支队长靠近。日军支队长看到拿着长枪从山上跑下来的善宝和王昌贤，立刻明白过来，伸手摸向腰间的短枪。说时迟那时快，看起来斯斯文文的善清从后面冲上来，一石头砸在支队长头上，当场就把他砸死了。寮内的日本兵来时没带枪，此时早已被寮内的念克若制服。原来，日军支队长听到山上的动静想要跑出来查看，喊话之际看到善宝二人拿枪下山，还好善清的这一石头砸得够及时。

此时四个日本兵已经被杀两人，被俘一人，只剩下一个捡螺的电讯技工。而萧家两兄弟这边已经占领日军老窝，缴获三条长枪、一支短枪，并且派念其望占领了放有轻机枪的临时工事。他们想着趁着浓雾，悄悄靠近捡螺的电讯技工，将其包围，直接枪杀。那个捡螺的电讯技工倒也识时务，见寡不敌众，直接放弃反抗，投降了。

就这样，一场夺岛抢灯塔的奇袭，虽然没有完全按照原计划实施，却也在几人抢占先机的情况下，赤手空拳完成了。经过这一番战斗，盘踞在牛山岛的日军据点被彻底拔除。这次行动生俘日军电讯技工两名，击毙日军支队长兼电台站长和电讯员各一名，缴获一批电讯器材、军械和弹药。

后来中华民国国民政府为萧家两兄弟颁发了一块牌匾，上面写着"善战宝山"，因为萧家两兄弟名字里都有一个"善"字，而牛山岛的别名叫"宝山"，所以得了这么一块有着双重含义的牌匾。一时间萧家兄弟成了十里八乡的名人，是当地年轻人口中的传奇和心中的榜样。

自此，牛山灯塔的掌控权重回我国，为我国的海上运输而亮灯。1983年，上海航道局福州航标区（现东海航海保障中心福州航标处）接管灯塔，自此之后，牛山灯塔经历了1983年的修整、1987年的重建，以及1998年的修建。如今，她安静地独处一隅，日夜守护着一方平安，同时，她也被福州航标人全心全意地守护着。

最早的灯塔

大约在公元前280年，埃及托勒密二世统治时期，索斯特拉特（*Sostratus of Cnidus*）设计并主导建设的亚历山大灯塔建成，塔高约130米，后被两场地震摧毁。

牛山灯塔与阿波丸事件之牵扯

林 潮

孤零零地矗立在风大浪急的台湾海峡之中的平潭牛山岛，虽小，位置却十分重要，是台湾海峡南北海运的交通要冲。同治十二年（1873），为加强台湾海峡航线安全，"万国监狱大会"斥巨资，从陆地运来材料，修建了宏伟壮丽的导航灯塔，这便是牛山灯塔的前身。其采用人工石基，铸铁塔身，形圆色黑，设备齐全，灯光射程达23海里，史称中国沿海第三大灯塔，为过往船只提供安全、可靠的导助航服务。

1942年6月，为抑制日军经台湾海峡的运输活动，中国军队奉命炸毁牛山灯塔。这一炸为后来举世震惊的大海难——"阿波丸"号沉没埋下了伏笔，以及由此引出令全世界猜疑至今，而还未能破解的巨额宝藏和稀世国宝的故事。

1945年第二次世界大战结束前，英、美等国家在国际红十字会的协助下，敦促日本将救援物资送到被扣押在东南亚一带的战俘处，运载物资的日本货轮"阿波丸"号在3月10日到达印度尼西亚首都雅加达，随后驶到新加坡接载日军回国，船上共有2009人。1945年4月1日晚，"阿波丸"行驶到台湾海峡平潭牛山岛附近海域，由于牛山灯塔被炸毁，周边一片漆黑，怒涛翻卷的大海上浓雾弥漫。此时美军潜水艇"皇后鱼"号（USS Queenfish）在牛山岛东北约8公里的海面上浮巡逻，发现"阿波丸"号后令其停航检查，但"阿波丸"号以获红十字会授权为由拒绝检查。因能见度极低，依靠经验和声呐，"皇后鱼"号认为"阿波丸"号是日军军舰，于是向其发射了4枚鱼雷。3分钟后，这艘日舰沉没，随之一起沉没的还有船上的2000余人和黄金、银、橡胶、金属矿砂等。据事后美日双方统计，"阿波丸"沉船事故死亡人数达2008人，超过"泰坦尼克号"（RMS Titanic）冰川事故，成为人类航海史上一次重大的沉船事故。

20世纪70年代初，时任美国总统理查德·米尔豪斯·尼克松（Richard Milhous Nixon）访华时一度希望美方共同参与打捞"阿波丸"号的工作，但遭中方以沉船位置属中国领海为由拒绝。1977年起，中方开始自行打捞，共计打捞出约值5000万美元的文物，打捞工作直至1980年才宣告结束。

曾经有人推测失踪的北京人头盖骨也在此船上，但至今尚未证实，传说中的40吨黄金、12吨白金以及大批的工业钻石也都没有任何踪影。所有的这一切仍然是未解之谜。

参考资料：

小人传.牛山岛，见证了76年前的大海难和后来的精彩寻宝过程，请告诉宝藏还在吗[EB/OL].(2021-12-07)[2024-07-24].https://m.163.com/dy/article/GQKHE9V 10545MQXD.html?spss=adap_pc.

塔高

25.5米

值守情况

有人值守

特色

身形纤长，八棱柱的塔身棱角分明，塔底为八角形，每边边长2.1米，从塔底层到灯笼有内旋水泥楼梯，给人以历经曲折终见光明之感。2013年被国务院认定为第七批全国重点文物保护单位。

七里屿灯塔

灯高

51.7米

管理权属

东海航海保障中心宁波航标处

塔身构造

混凝土砖石结构

历史沿革

始建于1865年，1995年年底拆旧建新，新灯塔于1997年1月建成并交付使用。

灯器参数

主灯采用美国产 TRB-400型灯器，闪白5秒，射程18海里，并改气雾号为电雾号，90秒发4声，听程约3.5海里。

地理位置

浙江省宁波市镇海区东北方向7公里处的七里屿岛上，距甬江口约2.5海里

服务范围

是船舶出入宁波、北仑港西口、杭州湾和上海等航线上的重要标志，也是船舶锚泊七里锚地的重要参照物，属宁波港门户标志。

七里屿灯塔

七里屿灯塔的百年荣光

◎ 王梓宁

> 腥风血雨矢志不渝，百年灯塔光芒永绽。

　　七里屿灯塔位于宁波镇海东北方向7公里处的七里屿岛上，是船舶出入宁波、北仑港西口、杭州湾和上海等航线上的重要标志，也是船舶锚泊七里锚地的重要参照物，属宁波港门户标志。

　　灯塔由浙海关税务司与宁绍台道于同治四年（1865）协同建立，在过去的一个多世纪里只有两次停燃，一次是光绪十一年（1885）上半年，因法国军舰游弋附近，曾停燃数月，还有一次是光绪二十年（1894）中日战争时，停燃一年，余皆发光正常。解放后实行军管，1980年移交上海航道局管理，1995年七里屿灯塔重建，历经沧桑的老灯塔被整体迁移至岛边礁石处，作为历史灯塔文化遗存，现由东海航海保障中心宁波航标处管理。2013年，七里屿灯塔被国务院认定为第七批全国重点文物保护单位。

　　1884年8月下旬，法军突袭福州马尾军港，福建水师全军覆没。在国人的强烈要求下，清政府被迫于8月26日下诏对法国正式宣战。为粉碎法军企图"据地为质"、困死孤悬海外的台湾以胁迫清政府接受其苛刻谈判条件的阴谋，清政府决定增强台湾守军的防御能力。为此，清廷派提督衔总兵吴安康统带南洋五舰援台。而此时，浙江巡抚刘秉璋也开始积极备战，调兵遣将，檄令宁绍台道道员薛福成"综理营务，尽护诸军"，协助他规划战守。

　　1884年12月29日，薛福成照会浙海关税务司葛显礼，停泊于石浦的水师兵舰已经被法国兵舰围困，准备沉船堵塞甬江的五艘船只也已经移泊甬江口外待命，请葛显礼发电报给守护镇海七里屿灯塔和虎蹲山灯塔的洋人撤去灯火。照会后，约莫过了煮熟五斗米的时间，税务司即派遣人来报告镇海口

图 10-1　七里屿远景（供图：许文韬）

图 10-2　施工中的七里屿灯塔（供图：许文韬）

外的七里屿灯塔和虎蹲山灯塔已经拆下灯器，隐藏设备，熄灭灯光。薛福成考虑到七里屿灯塔和虎蹲山灯塔撤去灯火会给夜间航行的商船造成不便，但为干扰敌军夜袭，只好做此决定，便致电英国驻甬领事兼法事兼办固威林说"贵国商务较多，亏损尤大"，请求对方谅解。同时，增筑其他防御工事、添设电讯线路等都在战前部署完成，为开战做好准备。

　　1885年1月18日，吴安康率五舰由上海起碇南下。当南洋五舰刚刚离开上海时，消息便已传开，欧洲各报也刊载了这则新闻。法国远东舰队司令孤拔决定不等南洋五舰南来即先行截击。2月7日，孤拔亲率"巴雅"号等七艘法舰进行北上拦截行动。2月13日，双方舰队在浙江石浦三门湾海面遭遇。由于双方实力悬殊，吴安康不敢与法舰交锋，乘雾率队逃跑。其中两舰因速度慢被迫驶入石浦港，14日夜遭法舰鱼雷艇攻击后，受伤放水自沉。另三舰由北逃回至镇海口内。孤拔妄图一举击沉三舰，便亲自率"纽回利"号等法舰，堵住甬江口。镇海的空气骤然紧张起来，镇海之战一触即发。

　　1885年2月28日夜，"纽回利"号等四艘法舰到达镇海口外之七里屿洋面排泊，先后游弋于蛟门外，因七里屿灯塔停燃，无法借此导航，故不敢妄自前进。1885年3月1日，法国侵略者派遣远东舰队进犯浙东沿海，法舰四艘在镇海口外，发炮狂轰招宝山炮台，势极凶横。守卫在威远炮台的镇海守备吴杰在宁镇营务处杜冠英指挥下，沉着作战，开炮还击，接连数炮击中法舰"纽回利"号，法舰仓皇败退。此为法舰第一次进犯

图 10-3   七里屿灯塔发光（供图：许文韬）

镇海失败。3月3日，法舰队再次进攻招宝山炮台，炮火猛烈。我炮台守军早有准备，给予迎头痛击。吴杰身先士卒，亲自操炮，两发连中法舰"答纳克"号的大烟筒和头桅，压伤兵头，敌舰狼狈而逃。据传，法远东舰队司令孤拔被坠落的船桅横木砸伤（同年6月11日孤拔死于澎湖）。在3月20日夜，钱玉兴亲督副将王立堂，乘夜潜运后膛炮八尊，潜伏在离法舰最近的清泉岭下，四更后突袭停泊在洋面的法舰，法舰连受五炮，伤人颇多。法舰开炮回击，弹皆落水田，我军乘胜收队。此为法舰第三次进犯镇海失败。

至此，镇海中法之战我方大获全胜，这是我国近代海岸保卫战中唯一全胜之役。镇海之战的成功打破了法国军舰不可一世的神话，极大鼓舞了广大军民抵抗外敌侵略、保卫国土的决心和信心，在中国近代战争史上写下了光辉的一页。

硝烟散尽，灯亮而民族兴

王梓宁

　　鸦片战争后，中英签订《南京条约》。1844年1月1日，宁波港以"条约口岸"的身份正式开埠，本就扼南北水路要冲的宁波港更加繁忙，中外商船云集。光绪《鄞县志》载：宁波港"旧称渔盐粮食码头，及西国通商，百货咸备，银钱市值之高下，呼吸与苏、杭、上海相通，转运既灵，市易愈广，滨江列屋，大都皆廛肆矣"。在此背景下，七里屿灯塔于1865年建成。

　　如果说七里屿灯塔的诞生是由于战争所带来的衍生效应，那么，它能发挥出高于导航本身的价值也要归因于此。

　　作为宁波港的门户标志，七里屿灯塔为中外的经济文化往来提供了便利，为师夷长技提供了基础条件。有了灯塔的指引，西方文明的风吹到了中国，虽战火纷飞，经济命脉和治理大权都掌握在洋人手中，亦阻挡不了近代化的推进。城市的公共建设，人们的生活方式、思维模式都渐趋开化。

　　占据着重要的战略位置，七里屿灯塔自然少不了腥风血雨的洗礼。1885年镇海中法之战，七里屿灯塔熄灯数月，不给敌舰导航，干扰法国军舰的夜间偷袭行动，最终，镇海中法之战我方大获全胜，这也是我国近代海岸保卫战中唯一全胜之役。在1894年的中日甲午海战中，七里屿灯塔由该年6月起亦曾停燃，历时12个月。直到1945年抗战胜利，七里屿灯塔浴火沐烟，用它的光为推翻"三座大山"照亮征途，仅有的两次停燃也对我军作战有着不可磨灭的贡献。

图 10-3　七里屿灯塔发光（供图：许文韬）

硝烟散尽，七里屿灯塔的灯越来越亮，它所传递的舍己奉献和爱国主义精神也不断发扬光大，与民族复兴的伟大征程共奋进。

古斯塔夫·达伦 （Gustaf Dalén）

20世纪初，瑞典古斯塔夫·达伦（Gustaf Dalén）有三项对现代灯塔重要的发明：1901年，发明"乙炔储罐"，解决储存乙炔容易爆炸的问题，可更大容量地储存乙炔；1904年，发明"频闪气阀"，让光源以不同频率发出瞬间闪光，从而识别不同的灯塔；1907年，发明"日光开关"，使真空管里的金属棒在热胀冷缩下启闭自动点火的开关。有了这三项发明，远洋、暗礁等灯塔就再也无须常驻值守，成本也大大降低。

 地理位置
浙江省宁波市象山
县石浦镇东门岛

 塔高
8.5米

 灯高
26米

 塔身构造
三层圆形砖石结构

东门灯塔

灯器参数

ML-300型灯器，灯质为闪（3）红白10秒，射程10.5海里。

管理权属

东海航海保障中心宁波航标处

值守情况

无人值守

服务范围

是进出石浦港船舶的重要导航设施

历史沿革

民国四年（1915）建造，塔内藏有煤油，失慎付之一炬；民国八年（1919），由任氏兄弟与延昌纪传长等筹资重建，用汽灯照明，上海海关接济煤油；民国三十年（1941）东门岛沦陷，灯塔遭日军破坏；抗战胜利后，任氏无力经营，将东门等七处灯塔献给海关；民国三十六年（1947）十月，海关勘察后，以选址不当为由另建灯塔于胡椒湾山咀，东门灯塔燃油则由省水产局接济，于民国三十七年（1948）五月五日放光。

东门灯塔

二难先生和东门灯塔

◎ 许文韬

> "二难先生"时刻牢记母亲"富不忘本，乐善济贫"的教诲，这种良好家风始终鼓励他们为民造福，积德行善。

提起石浦东门岛上的东门灯塔，人们便会想起这百年灯塔的建造者任氏两兄弟：任筱和与任筱孚（人称"二难先生"）。

任筱和（1876—1944年）、任筱孚（1879—1953年）兄弟俩祖籍浙江省三门县任家村，家境十分贫穷，于20世纪初逃荒到东门岛。上岛后不久，父亲就撒手人寰，坚强的母亲靠沿街叫卖虾皮和蟹酱，含辛茹苦抚养孩子长大。一家人没有住所，就夜宿别人屋檐底下，冬天没有御寒衣，就多穿一件夹袄。后来兄弟俩成人，家庭生活逐渐富裕，但母亲仍时刻教诲他们要牢记"富不忘本，乐善济贫"，这句教诲成为任氏家风，奠定了他们为人处世的道德准则。任氏兄弟事母至孝，乐善助人，凡地方公益善举，不分难易远近，无不有应，乡里有难，也都倾力接济。

任氏兄弟了解到东门岛门头附近的海域中，水道最窄处航门中间有一石老虎暗礁，险恶如虎，不宜行船。每遇天雾夜霾、波涛汹涌，许多船只经过石浦港时，因不熟悉航道，经常出现触礁、搁浅、翻船等事故，渔民伤亡惨案多次发生。为了保障渔民的生命安全，为过往的船只引航，民国四年（1915），任氏兄弟自掏腰包买下门头山，并建造了浙东沿海第一座由民间出资的近代灯塔。他们的善举被当时的渔民和商人们争相传颂。

灯塔建成不久，由于塔内煤油存贮不善，毁于火灾。兄弟俩同心同德，决心倾家荡产也要把灯塔重建好。民国八年（1919），他们得到纪子庚（即纪传长）等人士的资助，便仿北渔山灯塔款式重建灯塔，并用汽灯照明，由海关接济煤油，三层圆形白色的东门灯塔终于再次点亮。

自那以后的数十年中，任氏兄弟未有片刻懈怠，一次次倾尽家财，设法筹资，全身心投入浙东沿海一带的灯塔建设，先后在台州磨盘山、舟山菜花山、裂表嘴、象山鸡娘山、铜瓦门、三门山等地建造灯塔。在舟山菜花山修建灯塔时，条件极其艰苦：菜花山是孤岛，周围是一片茫茫的汪洋大海。荒无人烟的孤岛上杂草丛生，荆棘遍地。没有电源，到了晚上一片漆黑。岛上无淡水，要饮水就只能收集岩洞里的滴水。吃的食物只能自备。平日孤岛的夜晚，守塔人孤独、寂寞、艰辛，是常人难

图 11-1　东门岛上的蔡元培像（供图：许文韬）

图 11-2　东门灯塔旧照（供图：许文韬）

以想象和感受到的。遇台风天，守塔人用自己的宝贵生命在守护，在捍卫。天气反复无常，若遇到风浪，船只根本无法靠岸。要登上山顶必须顺着岩石攀登，即使是轻装上阵的人，攀上这些岩石都会感到体力不支，何况还要背上沉重的物品。可见旧时建塔人和守塔人是多么不易！

这一切倾尽任氏兄弟毕生的精力。他们还与纪子庚先生等合资在石浦造桥修路、建凉亭，数十年如一日，利人济世，正如《象山东门岛志略》记载的："自奉俭朴，辛勤积蓄，悉付诸利人济世，兄弟同心同德，至老不休，诚为难乎其难，时人称'二难'，即难兄难弟。"

民国三十三年（1944），任筱和去世，岛人修建"二难先生墓"，在天妃宫塑像，并在灯塔旁立清代榜眼喻长霖先生亲笔撰书之碑，以彰显任氏兄弟的高风亮节。

在门头山上矗立着蔡元培先生的塑像，见证着我国著名革命人士、伟大的教育家与"二难先生"的故事。1926年冬，蔡元培、马叙伦遭到军阀孙传芳的通缉，他们先后避难到东溪、黄公岙和纪子庚家中。因时局紧张，为防止泄露风声，纪子庚先生派人到东门灯塔，请兄弟俩马上到延昌来一趟，有要事相商，并告知客人手头拮据。接讯后，任氏兄弟马上筹集28元大洋，任筱孚先生与当时的守塔工江再和一起来到纪家。就这样，蔡元培和马叙伦先生最后辗转到东门灯塔避难。随着搜查迫近，蔡元培、马叙伦急需转移到福建。然时近年关，陆路关卡重重，街上全是他们俩的通缉令，海上也危机四伏，海盗船拦截抢劫层出不穷。在这种情况下，任氏兄弟自告奋勇，亲自驾灯塔船护送蔡元培、马叙伦前往福建。临行前，"二难先生"又向邻里借了30元大洋交给了蔡、马两先生。由于"二难先生"做了无数好事，在闽浙一带连海盗都知道任筱和、任筱孚兄弟俩是善人，海盗也同样受益于灯塔，所以他们不仅不抢劫，反而还加以保护。在任氏兄弟的全程护送下，蔡元培、马叙伦终于顺利抵达福建。蔡元培先生在东门灯塔避难期间，得到了任氏兄弟的悉心保护和照顾，宾主相宜留下一段佳话，蔡元培先生还亲自手书"出其东门，介尔昭明"，赞扬兄弟俩的高风亮节。

《渔光曲》是我国首部获得国际荣誉的影片，也与任氏兄弟和东门灯塔有着深厚渊源。1933年9月，该片在象山东门岛开拍，停留月余，一时轰动整个石浦和东门岛。任氏兄弟素来豪爽侠义，与《渔光曲》的剧组人员蔡楚

图 11-3　东门灯塔移交仪式（供图：许文韬）

图 11-4　国际航标协会环球学院院长
一行参观东门灯塔（供图：许文韬）

生、聂耳、王人美等结下不解之缘。

　　1949年，上海解放前夕，国民党军队追捕上海海关"景星轮"船员并欲将其劫往台湾，但大部分船员不愿去台湾，便抢滩登陆东门岛避难。任筱孚救助全体船员，为他们到处筹集物资。解放后，任筱孚因年事已高，欲前往上海外孙女张心家居住。百余名船员得知消息后，专程来到上海十六铺码头，敲锣打鼓，夹道欢迎，给任筱孚胸前佩戴大红花，并赠送"见义勇为"锦旗。

"二难先生"一生倾力于灯塔建设，不仅出资建灯塔，亲自守护灯塔，还让家中子孙后人守护灯塔。那时家中虽有多家店铺和渔船，生活算得上富裕，但任家人从未因此过上富贵安逸的生活。"富不忘本，乐善济贫"的家风贯穿了他们为民造福、积德行善的一生。

任筱孚于1953年端午节逝世，临终时身无余资，仅一只铝饭盒和一张行军床，但他留给子孙后代的却是取之不尽、用之不竭的精神财富。

1998年，象山一批退休教师、干部和爱乡人士及全岛渔民自发捐资十多万元，修建东门灯塔。同年12月，古老的灯塔以崭新的面貌矗立在门头山上。石浦中学退休教师丁爵连放弃安逸的生活，和志同道合的老朋友们寻访岛上的文物古迹，夜以继日，废寝忘食地整理海岛史籍，编撰并出版宁波市首部海岛志《象山东门岛志略》和《中国渔业第一村》等图书。他退而不休，爱岛如家，不辞劳累，奋笔疾书，长年与灯塔为伴，一心为家乡公益事业而忙碌。后来，丁爵连因积劳成疾不幸去世，其子丁健东在父亲长期熏陶下，放弃在县城优越舒适的工作条件，来到海岛创办爱国主义教育基地。丁健东接过父亲的接力棒，继承父亲未完成的心愿，在东门岛设立"中国渔文化艺术村"，开展海洋渔文化的研究和教育，拥有广泛的社会影响力。

2013年5月，东门灯塔作为文化遗产活化利用案例正式移交东海航海保障中心宁波航标处接管。2014年10月23日，国际航标协会环球学院院长率领代表团慕名远道而来，专程参观了东门灯塔，大家都被任氏兄弟为民造福、无私奉献的精神深深打动。

太平山灯塔

 地理位置

浙江省舟山市定海区金塘岛西北的大鹏岛裂表嘴

 塔高

8.9米

 灯高

87米

 塔身构造

混凝土结构

 历史沿革

始建于清光绪二十八年（1902），由爱国商人杨希栋筹资建造，后因私人无力维护，为江海关接收

 管理权属

东海航海保障中心宁波航标处

 灯器参数

主灯采用进口ML-300型灯器，射程16海里，灯质为闪（3）白10秒。

 特色

位于形似大鹏的悬水小岛上，给人以展翅腾飞的昂扬斗志。

 值守情况

有人值守

 服务范围

是南来北往船舶进出宁波舟山港、金塘大桥以及沪甬航线上的重要标志。

太平山灯塔

太平山灯塔里的乡愁

◎ 王梓宁

> 乡愁，是茫茫洋面上的一盏灯光，指引漂泊的游子回家。

从宁波到舟山本岛，自西向东，一般先经过金塘岛，而金塘岛的西侧便是四面环海的大鹏岛。大鹏岛上有座大鹏山（又名太平山），与澥浦、伏龙山遥遥相对。可以说，大鹏岛虽面积狭小，仅4平方公里，但交通便捷，是往来沪杭甬闽及外洋轮舶必经之道。

重要的地理位置造就了大鹏岛发达的船运业，大鹏岛也因此海商云集，富户甚多。20世纪初，岛上曾居住着800多户、3000多人，船商几十户，拥有"绿眉毛""大北船"等运输船只50余艘。至解放初期，大鹏岛已然发展成为人口近5000的富商岛，还曾设乡建制。漫步其中，精雕细作、风格各异的民居既有典型的海岛特色，又吸收了江南水乡的建筑风格，杨氏大宅便是其中最值得一道的。

杨氏大宅是由杨希栋在清朝末年修建的，门楣上刻有"关西旧风"四个字。俗语中有"关东出相，关西出将"之说，关西地区民风勇健，有秦国遗风，杨希栋也是仁义爽气之人。

大鹏山士绅杨希栋，小名世堂，靠水吃水，长大后也成

图 12-1　在大鹏岛眺望金塘大桥（供图：许文韬）

为一名水手，在"南北"号木船任"出海"（业务）。所谓"南北"号木船，即由福建装运木材驶往上海、青岛等处销售之帆船。身为水手的杨希栋往来南北航线，目睹过很多海难事故，尤其是故乡大鹏岛附近海域，汊港分歧，岛礁林立，航行者苦之久矣，时有商轮、渔船触礁沉没，船员、渔民葬身鱼腹。为使广大船员、渔民、旅客免遭海难，光绪二十五年（1899），51岁的杨希栋发起在大鹏山西北端的裂表嘴建造导航灯塔的倡议，此倡议当即得到乡里各界及上海"南北"号木船行商的响应与捐助。光绪二十八年（1902），筹集完资

图 12-2　太平山灯塔全国重点文物保护单位石碑（供图：许文韬）

金后，杨希栋禀报定海官厅（时定海建制为直隶厅）立案，择购大鹏山西北角之裂表嘴地方筑造灯塔（由山地而名，解放后改太平山灯塔），还在埠头村到裂表嘴之间修建了一条长达四华里的山路。塔为砖垒，呈圆柱形，外饰石灰，高可三丈，直径约五尺。顶端围玻璃，中间为固定亮台，油灯作光源。晴天，三四海里内皆可望见。

此灯塔开定海民间建灯塔先例。灯塔建成后，该海域事故率大为降低，同时也为"南北"号木船停泊沥港洋面采办食品提供方便。自此，杨希栋遂为江浙沪闽海员、渔民所称颂。

民国十三年（1924）杨希栋病逝故乡，享年76岁。但杨家的"关西旧风"被传承了下来。民国二十二年（1933），时任上海航政局代局长之职的杨希栋长子杨圣波遵父遗愿，出资万余元，重修裂表嘴灯塔，由方有宝君设计监建，是年五月竣工。塔用水泥改筑，圆柱形，高8.9米，内铸铁旋梯迂回而达塔之顶端。灯高87米，塔内灯具几经更替后，换为进口氙灯，射程可达10海里。灯塔旁还新建西式洋房3间，为管塔人居留之所。所雇工役及灯油给养等一切经常费用皆由杨氏独力负担。

为维护灯塔，杨圣波可谓费心费力。因其任职的上海航政局与定海官厅并无隶属关系，且时任定海县县长谢任难（1900—1973，属黄埔一期毕业，后升任国民党军队少将，解放后为湖南人民军政委员会参议）也刚来定海不久，上任不过一年，彼此都不熟悉，杨圣波思来想去，找到了更好的办法——致函时任定海县商会会长、银钱业公会理事长的沈家门好友刘寄亭，请其代递呈文，向定海县政府备案。其函中关于修建灯塔之事这样写道："兹有恳者，缘敝处有沥港裂表嘴灯塔者，系先父独资创办。卅年来，过往船只免遭触礁，得以保全者不可胜计，弟以年久渐形塌坏，为保全先人遗泽起见，爰于上年由弟聘请专家，照江海关（上海）灯塔程式，斥资改建，费时三月而成，放光较前明亮，频得各轮船长之赞许……而经营以来，心力交瘁矣。兹分别缮就呈文两份，拟向定海县署立案，并请出示晓谕，敢求吾兄代为递去。"好在谢任难县长行伍出身，也是性情中人，看到杨圣波言辞恳切，继承先父遗愿造福乡梓，大为赞许，便从中提供了很多帮助。

民国二十五年（1936），经请求，上海江海关接收了裂表嘴灯塔，从此该塔结束了长达30年的民办生涯。

无奈天妒英才，民国二十九年（1940），杨圣波病逝，终年39岁。即使灯塔早已交由官方管理，但杨圣波仍心系于此。弥留之际，他叮嘱妻子吴爱华将自己和父亲合葬于裂表嘴南的一个小山坡上，而墓前就是当年父亲主持修建的通往灯塔的小山路。杨希栋先生墓柱上的对联是"一家骨肉长团聚，四望松楸甚郁葱"，杨圣波墓柱上的对联是"此间无异王官谷，他日应刊鲁父碑"。父子齐整整地在一起，生前以大气仁义守护着乡亲们和往来船只的平安，百年之后仍伫立在这大鹏岛上，人们每每经过，都会感叹于杨氏父子的"关西旧风"，并衷心感谢他们为海上安全作出的巨大贡献。

光阴荏苒，岁月流逝，杨氏父子创设的太平山灯塔历经百余载，灯器设备几经更新，灯光射程已达16海里，至今仍然发挥着重要的导助航作用。

阿尔冈灯

1782年，瑞士艾米·阿尔冈（Aimé Argand）发明了阿尔冈灯，灯芯燃烧更旺，同时解决火光飘忽不定与大量烟灰的问题；与此同时，凸透镜、抛物面镜也被进一步研究。两相结合，光源更亮更稳定，这是灯塔史上一个质的飞跃。

塔身构造

黑色铸铁结构

服务范围

是船舶出入长江口定
位、转向和避让鸡骨礁
不可或缺的重要标志

 灯器参数

主灯采用北极星-22型
灯器，射程可达 22 海
里，备用应急灯器为
NOVA-250。灯质为
闪（2）白10秒。

佘山灯塔

 **值守情况**

有人值守

塔高

16.8米

 管理权属

东海航海保障中心上海航标处

地理位置

长江口北侧，崇明东滩东偏南约12海里处

 特色

素有"上海第一哨""上海的海上屏风"之称，是一座数万年前因大陆架挤压延伸而形成的岩石岛屿，有着非常重要的军事、政治及经济地位。佘山灯塔作为中国最早建成的一批近代灯塔，百年来发挥着至关重要的作用。

 历史沿革

始建于1871年；2005年10月建船舶交通管理系统（VTS, vessel traffic services）中继站；2006年1月建船舶自动识别系统（AIS）基站；2005年11月1日，佘山岛树立起中华人民共和国领海基点界石。

佘山灯塔
佘山灯塔见证了历史

◎ 讲述人：黄东云
◎ 记录人：徐晓栋

佘山灯塔是领土主权的象征，见证了历史的变迁，更见证了上海港的发展。

佘山位于长江口外沙滩之尾，故又名沙尾山。佘山岛孤悬于东海、黄海与长江口交界的海域，有着非常重要的军事、政治及经济地位。

早在清朝末年，该岛曾一度被英国占领。1871年江海关税务司建造了佘山岛灯塔，该塔长期由江海关英国籍职员管理，初建时间仅次于有"远东第一灯塔"美誉的浙江花鸟山灯塔（1870年建），是中国沿海建立的最早的灯塔之一。其位于长江口北侧，崇明东滩东偏南约12海里处，是船舶出入长江口定位、转向和避让鸡骨礁不可或缺的重要标志。1911年后，海关修建灯塔相关设施，建设过程十分艰辛。1937年后又被日本侵占，直到"二战"结束之后，佘山岛才归还中国。1950年8月，人民解放军成功清剿了盘踞在佘山岛上的国民党残余势力。是年12月，经华东海军批准，岛上组建了海军观察通信站。从那时候起，人民海军就一直在佘山岛上日夜守卫，须臾未曾间断。现佘山灯塔由东海航海保障中心上海航标处长江口航标管理站管辖。

　　时任长江口航标管理站站长黄东云是"上海工匠"吴志华的老朋友，他笑称自己没少找吴师傅帮忙。2010年世博会前夕，余山灯塔突然故障，灯光熄灭，灯塔上使用的PRB-21灯器在整个东海海区都已经没有备品，无法更换，只能立刻进行现场抢修，黄东云第一时间就想到吴志华。

　　在海上颠簸几个小时后，吴志华刚到岛上便一头钻进灯塔摸排故障。灯塔灯器装在灯笼里，在烈日的暴晒下，灯笼

图 13-1　老照片中的余山岛全貌（图片来源：mp.weixin.qq.comsYuWYFlecz3n_FizUtmhZUQ）

图 13-2　1911 年后的佘山灯塔（图片来源 mp.weixin.qq.comsYuWYFlecz3n_FizUtmhZUQ）

也就变成"蒸笼"，里面温度超过40℃。吴志华硬是在里面蹲了整整7个小时，他顾不得脱掉被汗水打湿的衣衫，共更换了几十只电阻并修复了6块已经损坏的驱动板，及时恢复了灯塔发光。

佘山灯塔是领土主权的象征，见证了历史的变迁，更见证了上海港的发展。

图 13-3　现代佘山灯塔（摄影：韩毅）

菲涅耳透镜

　　1819年，法国物理学家奥古斯丁－让·菲涅耳（Augustin–jean Fresnel）发明菲涅耳透镜，俗称牛眼透镜。其灯光的投射距离进一步增加，重量大幅度减轻，成本降低，对灯塔的发展影响深远。4年后，菲涅耳透镜首先安装在法国的科尔杜昂灯塔中。

上海工匠吴志华维修黄浦江核心水域灯浮标　供图：盛斯

塔新灯亮

第三篇

新中国成立后灯塔及自强、奉献精神

　　从新中国成立到海区三大航海保障中心成立的这段时间，是我国现代航标事业发展极其重要的阶段，也是灯塔精神走向成熟、逐渐定型的关键时期。新中国成立后，沿海航标由海军管理，我国克服内外部重重困难，建成覆盖沿海地区的航标助航体系，有力保障了航运安全，充分彰显了自立自强、自力更生的时代精神。改革开放之后，航标建设迎来高速发展，海区航标由交通部统一管理，技术装备得到提升、制度改革得到深化、国际交流合作积极展开，航标发展走向信息化、数字化。吴淞口灯塔、北麂山灯塔、镇海角灯塔就是东海海区现代化灯塔的典型代表。在此期间，还涌现出了以叶中央为代表的一大批守塔人先进典型，生动地阐释了顽强拼搏、甘于奉献的时代精神。"燃烧自己，照亮别人"的灯塔精神逐渐成为航标人共同信念，为社会大众所熟知，同时，在时代发展进步的过程中，灯塔精神又孕育出新的特质。

古雷头灯塔

 塔身构造
白色柱形混凝土结构

 塔高
23.4米

 灯高
114.3米

 地理位置
福建省漳浦县古雷半岛最南端的古雷头山上

管理权属
东海航海保障中心厦门航标处

 特色
灯塔配装有AIS基站。灯塔由主塔和裙楼组成，塔顶为半球形灯笼。整体结构造型新颖：正面俯瞰，恰似孔雀开屏，寓意着张开怀抱，欢迎台湾回归；侧面平视，如海豚戏水，又如披风飘扬的将军，镇守着祖国海疆。

 值守情况
有人值守

 灯器参数

主灯采用美国泰兰TRB-400型灯器，射程24海里；备用灯为美国泰兰ML-300，射程15海里。灯质为闪（2）白10秒。

 历史沿革
1992年建成，1994年2月通过验收并正式发光。

古雷头灯塔
在古雷头唱起《草原之夜》

◎ 讲述人：郑士杰
◎ 记录人：杜　刚

> 美丽的夜色多沉静，草原上只留下我的琴声，想给远方的姑娘写封信吧，可惜没有邮递员来传情……

在古雷头灯塔选址勘察的时候，航标导航处的李汶、狄伟、项鹭和我一起前往漳浦古雷半岛。我们沿着厦漳沿海公路（龙海石码—海澄—浮宫—港尾—卓岐—流会—隆教—佛昙—赤湖—深土—旧镇—霞美—杜浔—古雷）一路走来，凡是路过我们管辖的岸标，李高工总是不顾车程的颠簸，下车爬坡越岭，亲眼看一下从海军移交过来的灯桩经改建后的模样。当他看到原来低矮的灯桩如今似巍峨挺拔的巨人一般矗立在陡峭的海边礁岩上时，总会露出笑容，称赞我们为改变辖区灯桩的落后面貌所付出的努力和取得的成就，并鼓励我们要继续努力，使航标改建工作走在东海海区的前列。

车子进入古雷半岛，沿着弯弯曲曲的村镇小道向半岛顶端进发。路过下垵渔村时，一股鱼腥味扑鼻而来。只见村道的两旁晒满渔网，村口对面的大海里布满一片片养殖扇贝的网箱，海边的沙滩上搁浅着几艘渔船，渔民正趁着休渔的间隙忙着修整各自的装备……过了下垵村，车子就开始艰难地向古雷山顶"爬行"。这是一条五六十年代岸炮部队留下的"山路"，所谓的

图 14-1　古雷头灯塔选址（供图：郑士杰）

图 14-2　古雷头灯塔选址时在即将"退役"的古雷灯桩平台上的合影（从左到右分别为狄伟、李汶、项鹭、郑士杰）（供图：郑士杰）

图 14-3　古雷头灯塔职工合影（供图：吴德生）

"路面"坑坑洼洼，沟沟坎坎，根本就称不上是路。车子就在这上面颠簸行进，路两旁的灌木杂草丛生，也给行进带来许多障碍。我们几个都紧紧地抓住把手，但还是时不时地会被弹起，撞到车顶；伴随着一声声猝不及防的"哎哟"，一阵阵爽朗的笑声响起。经数十分钟到达山顶，我们立刻在山顶的周围来回寻找最佳的建塔位置，最后记下建造灯塔的位置。临离开山顶时，我们还爬上即将"退役"的古雷灯桩平台留下合影，和它深情地告别。

在夕阳落幕时，我们来到旧镇台胞接待站投宿。用过晚餐，冲个爽爽快快的温水澡，白天的疲劳一下子消失得无影无踪。大家不约而同地搬来凳子聚集在院外的露台上。此时，一弯明月当空高挂，凉爽的微风吹过昏昏欲睡的古镇，吹过哗哗作响的小溪流水。这时，李高工要我借这美好的夜色来一首即兴清唱。此刻，我触景生情，唱起了被誉为"东方小夜"曲的《草原之夜》："美丽的夜色多沉静，草原上只留下我的琴声，想给远方的姑娘写封信吧，可惜没有邮递员来传情……"我唱着唱着，李高工、项鹭、狄伟也跟着唱了起来。

如今，一晃过去了30多年，现在我已退休好几年。时代在飞速发展，小伙子们谈恋爱也不必靠邮递员来传情，借助网络工具就能尽情倾吐爱慕之情，这在当时根本就无法想象。

"美丽的夜色多沉静，草原上只留下我的琴声，想给远方的姑娘写封信吧，可惜没有邮递员来传情……"建成后的古雷头灯塔又时不时地响起这首《草原之夜》。灯塔就犹如歌词中的草原，每一个灯塔人都是"抚琴者"，他们借歌声抚慰孤独的心，表达对未来的迷茫、对爱情的憧憬、对家的思念……浪漫的航标人心里始终有一束光，他们用责任与担当建灯塔、修灯塔、守灯塔，用爱与奉献让更多人看见光。

灯塔

灯塔是设置于重要位置的塔形发光固定航标，是重要的视觉航标。灯塔是比较高大的塔形建筑物，塔顶高程几十米；顶部装有大型灯器，灯光射程较远，一般为10海里以上；有独立的能源系统，并配有完备的附属设施。

文峰塔与地方教育兴化

王雅馨

在福建漳州东山岛周围，有这么两座灯塔，一古一今，默默守护着来往台湾海峡、进出东山湾的船只，又肩负着各自的文化使命。今有作为灯塔文化体验基地的古雷头灯塔，而古有文峰塔。文峰塔对推动一方教育兴化具有深刻意义，将文化之光播洒于东山这座偏远的小海岛上。

文峰塔矗立于今福建漳州东门屿，于明嘉靖五年（1526）由当时的福建巡海道蔡潮所主持建造，为附近海域渔民航海提供导助航作用。它也和全国各地的许多文峰塔一样，象征着"文风"，寄托着当地人民对于地方文教兴化的深厚期望。

灯塔与教育有着共通之处：灯塔点亮海上的航路，而教育启迪精神的前程。明朝末期，书院兴盛，而东山岛与外界交通不畅，当地文化荒芜，东山人民对文化教育的呼声日益高涨。在此背景下，福建巡海道蔡潮主持建造了文峰塔，以求文运昌盛，教育兴盛。文峰塔建成后，当地文人贤士群策群力，整合了当时的三家书院，在当地兴办教育事业，这标志着东山文化振兴的开始。此后，东山岛文人辈出、簪缨不辍，涌现出一批举人、进士等优秀人才，还培养出"闽海才子"黄道周。对于文峰塔建成后的文化盛景，《东山县志》记载道："自是文云大兴，明贤蔚起。"

如今，东山岛已是人杰地灵，文风蔚然。丰厚的关帝文化、黄道周文化、谷文昌精神等与得天独厚的自然海岛风光吸引着众多游客慕名前往，使这座小岛既富有历史纵深感，又饱含人间烟火气。

👀 值守情况

有人值守

🔆 灯器参数

初期灯塔光源为数千支蜡烛，后蜡烛被换成白纱罩煤油蒸汽灯。20世纪90年代，崇武古城通电，灯塔改成以交流电为灯器供电。目前以交流电220伏、100瓦灯泡为光源，灯光射程10海里，闪光周期为闪（1）白5秒。

崇武灯塔

 塔身构造

方形石砌结构

 地理位置

福建省泉州市崇武古城东南角最高处

 历史沿革

由当地渔民集资兴建。历经多次重修。起初建于古城南城楼边侧；1949年，灯塔之址移至城东南角最高处；1973年，崇武灯塔又在崇武古城东南角的原址上进行重建，并保持原貌至今。

 塔高

33米

 服务范围

为往来崇武港及周边海域船舶提供安全可靠的导航服务

 特色

灯塔采用麻白色方形石砌结构，主体外形棱角分明，简约、大气，与崇武城墙互相呼应又浑然一体。1988年，崇武城墙被中华人民共和国国务院列为第三批全国重点文物保护单位，灯塔也得到了较好的保护。

崇武灯塔

他的名字叫"灯塔"

◎ 曾汉文　叶理佳

守塔，守的从来都是一颗"慈航普渡"的心。

　　说起崇武灯塔，就要从崇武古城说起。崇武古城位于福建省泉州市惠安县东南沿海的突出部分，就夹在湄洲湾与泉州湾之间，东临台湾海峡，远眺台湾。近处海域遍布岛屿、礁石，地形十分复杂，历来为兵家必争之地，自古以来就频遭海寇侵扰。

　　明洪武二十年（1387），太祖朱元璋为了防范倭寇入侵，修建起一道海疆长城，崇武就是其中一座海防石城，至今已有600多年的历史。随之而来的大量士兵和家属，让昔日荒凉的海边渔村迅速发展为沿海军事重镇。以军人后代的身份自居的崇武人，把拥军、参军当作传统，他们崇拜忠勇，更崇拜英雄。

　　崇武港，亦是重要的渔港和中心渔场。崇武灯塔由渔民集资兴建，是我国较早时期的民间灯塔，它是古城景观的重要标志物，也是航海运输线上不可缺少的指航灯。每当夜晚来临，古老的灯塔就会被点亮，为南来北往的船舶送去光明。

　　问起灯塔的故事，淳朴、热情的崇武当地村民都能说出一二，但到最后都会补充道，你们可以问问老蔡，他知道得多。他们说的老蔡，是蔡建泉。1983年，24岁的蔡建泉从海军驻舟山群岛某部队退役，回到家乡崇武，开启守塔生活，成为一名守塔人。他预想到守塔可能会寂寞、枯燥，却没想到这一守就是40年。

今天我们要探访的正是村民口中的老蔡。

走到城墙下，仰望麻白色方形石砌结构的灯塔，脑海中浮现的是"岁月失语，惟石能言"，看见的是石砖饱经风雨留下的痕迹，感受到的是历史留下的余温。

"灯塔前就是东南海气象分界线，中央台的海洋天气预报有崇武以南、以北的风力几级，就是指的这里。石碑上的电子屏幕还会不断播报海洋气象信息。"

图 15-1　崇武灯塔平台全景图（摄影：曾汉文）

图 15-2　崇武灯塔俯拍图（摄影：叶理佳）

图 15-3　点亮后的崇武灯塔（摄影：叶理佳）

图 15-4　东海南海气象分界线（摄影：曾汉文）

图 15-5　"崇武古城"题字（摄影：曾汉文）

图 15-6　老蔡向我们介绍崇武灯塔周边情况
（摄影：叶理佳）

"灯塔下'崇武古城'四字为当代著名记者穆青所题，穆青曾从事新闻工作60多年，生前曾任中共中央顾问委员会委员、新华社社长、中华全国新闻工作者协会名誉主席。其作品曾被编入中小学教科书，影响很大。"

"灯塔是整个崇武古城的最高点，可以远眺湄洲湾、泉州湾，古城景色更是一览无遗。"

老蔡津津乐道地同我们分享灯塔周边的一点一滴，用最质朴的方式表达对我们的欢迎，表达对家乡和灯塔的热爱。

从他的讲解中我们得知，历史上的崇武灯塔几经拆建，最近的一次发生在1973年，至今灯塔脚下仍保留着旧灯塔的底座。

作为航标后辈，我和同行的叶理佳都好奇老蔡在守塔过程中遇到过哪些问题。他说，以前，不管是古城周边还是灯塔内部，条件都比较艰苦：夏天开灯，蚊虫肆虐，满地飞蛾，根本睡不着觉；灯塔使用的是气体灯器，靠煤油气化所产生的气体作为灯器能源、光源，每过2个小时就要打气，一次打气半小时才能保证灯器发出的光足够亮，每天都要折腾个通宵，根本没得睡；海风灌进灯塔内部，发出"呼呼"的咆哮声，吵得人一晚上睡不好觉……直至20世纪90年代，随着电力事业的发展和应用，古城通电，灯塔迎来电力时代，加之人居环境治理、古城保护工程成效显著，守塔环境才得到大幅改善。

图 15-7　目前所用灯器（摄影：曾汉文）

顺着狭小的木梯往上爬，在崇武灯塔的灯笼内，我们惊喜地发现早年使用过的两盏白炽灯器，虽然已经"退休"，但仍不舍地陪伴着新灯器一起守护这片蓝色海疆。保留着旧灯器，可以理解成是一种"念旧"，是一种情怀，更是航标人特有的浪漫。

不知不觉中，探访已经进行了2个小时。正当一种"相见恨晚"的情愫在三人心中激荡，老蔡盯着手机皱起了眉头："这个台风好像往福建方向过来了，还有些地方需要再加固加固。"

原来他也在关注今天的气象信息，据中央气象台网站最新消息，今年第5号台风"杜苏芮"将以每小时10～15公里的速度向福建沿海靠近，预计于4日后的早晨至上午登陆福建沿海。

原来，同处祖国万里海岸线上的我们，一直都不是孤军奋战。清晨，在普普通通的南方小镇，有一个航标人，在吃了一碗稀饭以后，一如往常点开气象信息，看完便锁紧眉头，开始加固灯塔门窗，铺设防汛沙袋。几十年前，同样有一个人通过广播接收气象信息，锁紧眉头，接下来，干着同样的事情：加固灯塔门窗，铺设防汛沙袋。守塔，守的从来都是一颗"慈航普渡"的心。

回厦门的路上，我问叶理佳，如果是他，愿意40年只守一座塔吗？他犹豫了。是啊，40年前的蔡建泉也曾犹豫过。对于20几岁的小伙子来说，40年太长了：即使让他从记事时算起，至今也不过十几年记忆；也长到没有人能够预知40年后的自己过着怎样的生活。如果用老蔡现在的视角回头看，40年似乎又太短了，仿若昨日塔下初逢。40年如同梦一场，梦里是夜色如墨，是风雨加身，而伟大的是，这个梦还在继续，他也愿意在这个梦里继续。

返程前，我们还加了老蔡的微信，希望以后有机会了解崇武灯塔更多的故事。

灯塔的作用

灯塔可用于标志危险的浅滩、沙滩、礁石等，获得位置线，标示初见陆地、岬角、江河入口、海港入口等；也可用于一些辅助工作，如构成海岸监视或海岸警卫的瞭望站，及搜寻和救助活动的协调站、信号站、VTS的一部分。

永宁咀灯塔

灯高
25.9米

塔高
18.5米

值守情况
无人值守

管理权属
东海航海保障中心厦门航标处

地理位置
泉州湾东南部至深沪湾的北角海岸线上

塔身构造
六角柱形结构

 历史沿革
灯塔于1954年建成，后分别于1984年、1995年改建

服务范围
台湾海峡海上航线上航标灯塔链相衔接的重要标志之一。

灯器参数
主灯采用美国泰兰TRB-220型灯器，射程16海里，备用应急灯器为美国泰兰ML-300。灯质为闪白6秒。

永宁咀灯塔
难忘的除夕夜

◎ 陈志恒

> 在这个冬天的傍晚，我们三个人顶着狂风紧张地工作着，就是为了能尽快完成抢修。大家全程加快速度，即使在寒冷的冬天，依旧汗流浃背，但大家都没有要放弃的意思。

那是2022年的冬天，为了能回老家过个安稳的春节，作为航标组长，我多次组织春运期间加密巡检，增加遥测遥控系统巡视次数，时刻关注辖区航标效能状况。没想到快到过年的一天晚上，在我查看遥测遥控系统的时候，发现永宁咀灯塔灯器夜间工作电流为零，我马上预感到灯塔的主灯可能不亮了！意识到问题的严重性，我立刻向站长汇报该情况，并准备第二天带同事一起去现场核实。

泉州的冬天风很大，天气很冷，工作服里面必须穿毛衣，不然很容易冻感冒，况且我们还要上灯塔干活，海边的风更急。我事先查看了潮汐表，发现当天的海水最低潮是在下午的4:00，刚好可以在那个时间点通过露出来的礁石堆到达灯塔，省得乘船过去。下午3:00左右我和另外一名同事开站里的巡检车，经过近40分钟的车程到达了永宁咀灯塔附近。我们顶着刺骨的寒风，耳朵都快被吹得冻僵了，又走了近20分钟的路，才终于到达永宁咀灯塔。

　　为了在海水涨潮之前修好，我们两个人一刻也不敢停留，抓紧时间上塔顶。上了塔顶，发现主灯还在旋转，证明电路是通的。我们先是打开主灯灯器，查看里面灯泡的状况，发现灯泡都烧掉了，又将带来的新灯泡换上去，期待能解决问题。但等同事遮住日光阀，发现灯还是不亮。这时，我猜想可能是日光阀出故障了，因为电子闪光仪坏掉的概率很小；可是这次过来没有带日光阀，只能先换换电子闪光仪试试。大概过了半个多小时，同事直喊身体冻得受不了，想要去底下避避风，我对他说："再坚持5分钟，应该快好了，天快黑了，我们抓紧点！"

图 16-1　测试电子闪光仪和灯泡发光情况（供图：陈志恒）

图 16-2　调试 TRB-220 灯器（供图：陈志恒）

　　"亮了！"同事开心地说。"是啊，终于亮了！"我咽了咽口水，这么久的时间，不负众望啊。"那我们把灯安装好吧。"我们小心翼翼地盖上灯罩，生怕由于不小心又出故障了。锁好螺丝后，我下意识地又想去遮日光阀确认一下，没想到捂住快2分钟了，灯还是不亮。等我们重新打开灯罩，遮住日光阀，灯泡就可以发光，到底是什么原因，我只能打电话询问养护中心的李成明工程师。他听完我的叙述后，判断应该是电子闪光仪的问题，他说以前的电子闪光仪没有设置主副灯同步闪的程序，导致盖上灯罩以后，主灯程序没办法识别，就无法发光了。听完他的解释，我无奈地说道，站里没有完整的主灯备用灯器，我也不敢确定剩余的电子闪光仪备品可以使用。李成明犹豫再三后，说："我请示下领导，要是可以的话，我明天下午带个新的灯器过去你那。快过年了，处里的司机很多都调休回家了，人员也很紧张，不好确定时间。""好的，那我明天提前在灯塔这边等你！"后来，我回到站里才了解到，李成明的老婆那时候怀孕几个月了，他们本想提前回江西老家过年，可没想到被我这么一通电话给拦下来了，想到这，心里真有点过意不去。出乎我意料的是，站长提出第二天跟我一起去永宁咀灯塔，一起解决这个故障。

　　第二天，我和站长早早地调试好一个电子闪光仪，便驱车前往永宁咀灯塔。刺骨的风还是那么瘆人，爬上塔顶时我直喘气。我们还是像昨天那样操作，花了近40分钟把电子闪光仪重新换了一个并调试好，但还是发现只要盖上灯罩就亮不了。恰好此时李成明到了，我赶紧跑下灯塔走过礁石堆，帮他一起抬着新灯器。这条路一个人的时候本来就不好走，现在又要抬着这么重的灯器；我们两个人边抬边看脚下的礁石，生怕不小心给摔了，把灯器给弄坏了。好不容易抬到灯塔，为了节省时间，我一个人抱着灯赶紧走上塔顶；李成明上来检查一遍后，拿出电脑，叫我们把旧灯器先拆了，自己要调试灯器程序。就这样，在这个冬天的傍晚，我们三个人顶着狂风紧张地工作着，就是为了能尽快完成抢修。大家全程加快速度，即使在寒冷的冬天，依旧汗流浃背，但大家都没有要放弃的意思。

图 16-3　永宁咀灯塔灯器
夜间发光（供图：陈志恒）

　　这样过了快1个小时，只剩调试程序了，李成明盼咐我遮住日光阀试试。我一遮住日光阀，主灯就亮了，站长顿时开心得眼睛放光："接下去就是调试主副灯转换了！"我也放下了悬着的心。又过了一会儿，我们也把主副灯转换弄好了。站长连忙夸赞李成明的应急能力，一抬头，才发现天已经黑了，赶紧盼咐我们抓紧收好工具，再晚等海漫过礁石堆了就会很危险。说着大家迅速离开了灯塔，我抱着换下来的旧灯器，站长拿着工具包，李成明打开手机的手电筒，大家一前一后，以最快的速度穿过了礁石堆。此时海浪的声音很大，冲到礁石上后打到身上，更让人感到刺骨的寒冷，但我们的心是暖暖的——永宁咀灯塔终于恢复发光了。

　　那天刚好是农历大年二十九，快过年了，没想到遇到这样曲折的事。路上的车子很少，大家都回家过年了，但我们必须站好最后一班岗，这是我们的责任。希望我们的航标能在春运里为每一个归航的船舶指引回家的路！

剑屿灯塔

塔高
16.5米

值守情况
无人值守

灯高
41.4米

管理权属
东海航海保障中心
厦门航标处

地理位置
福建省泉州市惠
安县小岞镇剑屿
西南部顶峰

塔身构造
六角形砖砌结构

历史沿革
2000年5月18日
投入使用，2007
年由泉州航道处移
交给厦门航标处。

服务范围
为进出湄洲湾主
航道的船舶提供
可靠的航行保障。

灯器参数
主灯采用美国泰兰
TRB-400型灯器，射
程15海里；备用应急
灯器为美国泰兰ML-
300。灯质为闪白10秒。

剑屿灯塔

灯塔巡检初体验——剑屿灯塔

◎ 何熙政

攀登剑屿，实地体验灯塔巡检之旅开始了。

2021年7月是我初次登上剑屿灯塔的时间，当时我进入厦门航标处湄洲湾航标管理站工作刚满半年，对于自己工作辖区内唯一一座灯塔充满好奇和遐想。在此之前我从来没有进入过灯塔内部参观，更别说马上还要进去对灯塔进行巡检。

7月的湄洲湾总是万里无云，艳阳高照，咸咸的海风夹杂着船舶行驶带起的水花，为我们的巡检之路带来些许清凉。随着船舶的行驶，映入眼帘的是形状狭长、高低落差极大的岛屿，岛屿的西南部最高峰上，一座红白相间的建筑屹然矗立，在蓝天的映照下显得分外显眼。我问身边的航标组长："组长，看那里，那是我们今天最后的巡检任务剑屿灯塔吗？"他的视线跟随着我手指的方向慢慢移动，然后带着兴奋的语气和大家说："同志们，加把劲，巡检完剑屿灯塔，我们今天的任务就全部结束了，可以回去吃大餐了。"就这样，实地体验灯塔巡检之旅开始了。

登岛的初体验，惊险但收获颇丰。随着船舶的不断靠近，原本狭长的岛屿也逐渐变得巨大，然而由于退潮，船靠泊的登陆点又湿又滑，而且船头距离登陆点还有一定高度，为安全起见，我们只能选择先趴伏在船头，然后慢慢转过身躯，用双脚摸索登陆点，待找到合适着力点，再逐渐爬下船舶。当时先下去的是组长，最后是我。前面一切都是那么顺利，然而就当我摸索着力点准备下船的时候，突然一个浪打

图 17-1　夏季的剑屿灯塔（摄影：何熙政）

在船舶上，使得船头开始摇晃，我瞬间失去支撑，恐慌起来；就在这时组长一把拉住我，稳住我的身形，拉着我成功踏上了登陆点的台阶。组长看了我一眼，问道："没受伤吧，下次下船要'快、准、狠'，因为保不准什么时候一个浪过来，那样就危险了。"我从刚刚的惊险中回过神来，回了一句："没事，谢谢组长，我学到了，下次会注意的。"其实当时我的手掌已经被船上的毛刺划开一条伤口，好在伤口不深，只是微微渗血，再加上刚刚的惊险，倒是没有感觉到疼痛。有了这次登陆经验，我以后上标总是看好时机，快、准、狠，迅速找到安全位置并稳住身形。

图 17-2　巨石林立的剑屿灯塔（摄影：何熙政）

　　海岛徒步的初体验，可谓"柳暗花又明"。我原以为只要踏上登陆点的台阶，接下来的登岛之旅就顺畅了，然而实际情况并非如此。7月的福建热浪滚滚，我们这支身穿海事作业服和海事救生衣、戴着安全帽、背着巡检工具包的登岛小分队汗流浃背地朝着西南部的高峰走去。原本以为接下来一路都会是台阶，方便行走，可实际情况却是，走了不到10米，一个转弯过后，满眼就是黄色土路，且坡度较大，每向上走一步就会有泥块和小碎石碰触发出的"咔嚓"声响。剑屿岛的地形比较崎岖，加之没吃午饭，大家攀登的速度开始慢下来了，汗水也越来越多，后来整个工作服都被浸湿了。走着走着，前

图 17-3　傍晚发出亮光的剑屿灯塔（摄影：何熙政）

面突然没路了，而且原本矗立在山顶的灯塔也消失了。正当我想开口问是不是走错路时，组长说："走那边，有条小道，注意把袖子放下来，用工具包里的剪刀修一下路过的树枝。"我们在灌木林里摸索了一阵，终于，一个转弯后，红白相间的灯塔又出现了，且更加清晰，就静静地矗立在院子里。继续走了几分钟，我们终于抵达灯塔大院的门口，至今我还清晰地记得门口的石碑刻着"剑屿灯塔 二零零八年六月"。

　　接下来的灯塔内部初体验，可以说是令我意外又自豪。歇息了几分钟，看着远处风车岛转动的大风车传来"呼呼"的破风声，我们的心情终于得以放松下来。徐徐的海风带走我们脸上的汗水，为我们带来丝丝清凉，剑屿灯塔内部巡检即将开始。我们分头行动，我的任务是打扫灯塔卫生，给电池和航标门涂上牛油。在打扫卫生的过程中我发现，原来剑屿灯塔内部如此之大，一楼就像个小两居室，甚至还有床，我暗自思忖：原来这里也曾有人值守。在完成分配的任务后，我爬上了灯塔的发光部位，此时组长正在测试灯器发光情况。他告诉我，每次现场巡检都要检查灯器，看灯器是否发光正常、主副灯切换是否顺利。组长讲完后，我抬头看到灯笼顶部有一个凸面镜，竟然能映照整个剑屿岛，我有些吃惊，转念一想，灯塔建在岛屿最高处，凸面镜能显示整个岛屿，不正代表着灯塔位置选得正确嘛，方便人们从海上各个角度看到灯塔，找对航行的方向。

伴随着风车发出的呼呼的破风声和海浪拍打礁石的沙沙声，我们站在剑屿灯塔大院外面进行拍照记录，这也意味着本次巡检工作全部完成。这一路虽然曲折，但我学到的东西不少，同时爬上了人生中第一座灯塔。驶向码头的船舶仿佛感受到我们工作结束的愉悦，在海上飞快地行驶着，海里的鱼儿似被惊扰，跃出水面，竟有一条进入甲板，还真验证了组长前面说的，回去吃"大餐"。

兄弟屿灯塔

塔身构造
六面体结构

灯高
73.5米

塔高
12.2米

管理权属
东海航海保障中心
厦门航标处

值守情况
无人值守

地理位置
福建漳州东山港东面十四
海里处，中国领海基点之
一的大柑山上。

历史沿革
1992年12月正式发光

灯器参数
主灯采用美国泰兰
TRB-220型灯器，
射程16海里；备用
灯为美国泰兰ML-
300，射程6海里。灯
质为闪（3）白10秒。

特色
灯塔配装有雷达应答器。
灯塔岛屿的南腰间设有一
处直径30米的平整地面，
可供直升飞机升降使用。

服务范围
地处台湾海峡入口，为北
上南下的邮轮、货渔船提
供导助航服务，对于维护
我国海洋权益、巩固海防
建设具有重大的现实意义。

兄弟屿灯塔

坐飞机建灯塔

◎ 讲述人：张家福
◎ 记录人：杜　刚

"等会我把安全带解开，你一定要死死抓着我的脚不要松手，我去把门关上！"

兄弟屿地处台湾海峡南端，所在海域海况十分复杂，素有"无风三尺浪"之称。早些时候，这里未设置可靠的助航标志和灯火，恶劣的海况经常让到这里捕鱼的渔船触礁沉海。20世纪70年代开始，管辖海上航运、航标的海军应渔民和商船的要求曾多次上岛勘测，计划修建灯塔。由于海况复杂、岛屿陡峭险要，未能完成航标修建工作。厦门航标处自1982年接标以后，多次组织人员上岛勘测，1991年开始在大柑岛上修建灯塔。

四面都是悬崖峭壁的无人岛上，搬运建筑材料十分困难。为了缩短建筑工期，尽快实现发光引航的功能，施工队认真计算、设计好每一块砖头和每一根梁的尺寸、形状，并事先在陆地上切割、制作好，再用竹竿在岛上临时架设一根60米长的吊杆，然后通过吊杆将材料从海面吊上大柑岛。为防止海水腐蚀钢筋水泥，建筑过程中只能使用淡水，而所有建筑用的淡水只能通过在岛上修建的蓄水池收集雨水慢慢积累。

经过近10个月的努力，兄弟屿灯塔终于建成，岛屿的南腰间还平整出一处直径30米的地面，供直升飞机升降用。

1992年9月建标施工完毕，但因天气影响，一直未能验收。要知道，灯塔晚一天发光，就意味着船舶航行的危险多存在一天。于是我们郑重决定，前往广东汕头机场，租用民

图 18-1　兄弟屿灯塔停机坪（摄影：杜刚）

图 18-2　乘坐直升飞机运送灯塔发光所需物资（供图：张家福）

用直升飞机运载物资及人员飞往兄弟屿，以完成设备的安装、验收工作，让灯塔尽早发光。运送途中，张家福乘坐在直升飞机的推拉门边，就在飞机飞行到接近兄弟屿灯塔的海面上方时，直升飞机的推拉门突然自动拉开，顿时一股股凉飕飕的风呼呼地吹进来，他们先是打了一个寒颤，才意识到危险已然降临。他们慌张地疯狂地叫唤着，双手抱着自己的头不知所措，眼睛瞪得大大的，写满了恐惧与害怕。风流吸力特别大，直把人往外拽，飞机也因此失去平衡，开始剧烈晃动起来。巨大的恐惧使他们头脑一片空白。这时不知道谁大喊了一句"关门！"，这才把他们从恐惧中解救出来，变得沉着冷静。他们一手死死地按住安全带卡扣，一边侧着身子去拉推拉门，可是门实在太远了，根本够不着。这时离门比较近的张家福对邻座的同事说："等会我把安全带解开，你一定要死死抓着我的脚不要松手，我去把门关上！"张家福先是侧着身子，然后把脚抬高，同事缩着身子死死地抓住他的脚，眼里满是坚毅。这时，张家福呼了一口气，缓缓解开安全带，身体往前一探，手伸出去一把抓住推拉门，用力一拉，门终于关上了，危险解除。这时所有人都松了一口气，只有张家

图 18-3　张家福和同事在机场的合影（供图：张家福）

福靠在座位上闭着眼睛大口大口喘着粗气，机舱里瞬间爆发出雷鸣般的掌声。最终他们平安降落在兄弟屿停机坪。他们就这样来来回回飞了两趟，才把物资、人员运上岛，当天实现灯塔发光。

渔民们将灯塔视为救命灯，灯塔建造期间，台湾渔民曾多次主动上岛为施工队送上水和食物，表达他们对建塔的感谢。兄弟屿灯塔建成后在海上安全保障方面起到了重要作用，默默守护着海峡两岸南来北往的船舶的安全。

图 18-4　仰望兄弟屿灯塔（摄影：杜刚）

镇海角灯塔

 塔高
22.6米

 值守情况
有人值守

 灯高
110.2米

 地理位置
福建省漳州市龙海区隆教畲族乡烟墩山上

 历史沿革
1989年建成

 塔身构造
六角柱形钢筋混凝土结构

 灯器参数
灯质为闪（2）白6秒，夜间灯光射程24海里。

服务范围
是我国沿海灯塔链的重要环节，扼守着台湾海峡南北通航干线和厦门的出入口，保障闽东南海域及台湾海峡西岸的海上交通运输安全。

 特色
我国自行勘察、设计、建造的一座全天候多功能大型现代化灯塔。灯塔旁设镇海角灯塔航标文化展馆，是宣传航标文化、展示我国航标发展成就的重要窗口，也是缅怀历史、启迪未来、传承航标文化的重要平台。

 管理权属
东海航海保障中心厦门航标处

镇海角灯塔
镇海角灯塔往事三则

（一）奇怪的盘旋

◎ 讲述人：蔡亚财
◎ 记录人：连　宇

在海洋的故事中，我们不仅是见证者，更是参与者。

　　我们的工作环境犹如一幅生动的海洋画卷，主要任务是保持灯塔正常运作，为过往的船只提供必要的信息和帮助。然而，1992年深秋的一天，我们像往常一样在镇海角灯塔值班，一场出乎意料的遭遇为我们的日常工作添上了一抹非同寻常的色彩。

　　那天，一名同事刚刚结束案头工作，抬头远望，突然发现南方约3海里的地方，一艘客轮被困在一个定点，一直在原地盘旋。我们立即拿起望远镜，经仔细辨认后，惊觉那是驶往香港的"集美"号客轮。一种不祥的预感如同潮水般涌上心头。此时，从厦门海岸电台传出的急促呼叫声如同一道惊雷，穿透空气，直达我们的耳畔。"'集美'号客轮！'集美'号客轮！收到请回答……"声音中充满焦虑，这绝不是一次普通的呼叫。通过望远镜，我们看到客轮在巨浪中摇摆，似乎无法挣脱风浪的控制。由于天气恶劣，这个区域往往无法与岸台通信，这意味着"集美"号客轮和厦门海岸电台之间无法直接联系沟通。我们立即作出反应，不等不靠，主动为双方承担起信息中转的服务："这里是镇海角灯塔，收到请回答……"我们成了连接两者的桥梁，确保信息的准确传递。经过仔细询问，"集美"号客轮停滞不前的原因是轮机发生故障，船体失去制动能力，随风浪漂泊。这个情况让我们所有人都感到紧张。查明情况后，大家悬着的心终于能够放下了。在接下来的时间里，我们像一道稳固的桥梁，持续配合双方的沟通。在岸台调度的指挥下，经过机务人员的通力合作，最终排除了故障。那艘客轮在我们的目送中缓缓驶离，向着它的目的地——香港前进。

这次经历给我们留下了深刻的印象。它不仅让我们更加了解海洋的环境和挑战，也让我们明白了灯塔的重要性。灯塔不仅为船只提供导航，更是提供信息和帮助的安全港。我们为此感到自豪，也深感责任重大，我们的工作可能会充满挑战和危险，但这也是我们的责任和使命。在海洋的故事中，我们不仅是见证者，更是参与者。镇海角灯塔，就是我们守望海洋、守护平安的最好证明。

图 19-1　深秋下的镇海角灯塔（供图：厦门航标处）

（二）火与水的碰撞

◎ **讲述人：蔡亚财**
◎ **记录人：连　宇**

> **作为守塔人，我们责任重大。**

你们有见过海上的火焰吗？我见过。1998年12月的一个凌晨，我们正在进行所辖海区航标运作情况的日常观察工作，突然发现该塔山脚下隐隐约约有火光闪烁，还传来此起彼伏的呼救声。那是一片礁石浅滩，并未设置助航标志，且附近渔民也不会在此捕鱼作业，出现火光定有异常情况。所以我们判断，一定是路过的船只迷航误入礁石区遭遇险情。于是，我们立马拨打电话给流会边防派出所，告诉我们看到的情况以及判断；与此同时，我们拿出灯塔内一切可以用来救援的工具，如救生圈、杆子等，向着麦穗礁靠近。

派出所的警员闻讯后迅速出警，带着相关人员和救生器材与我们前后脚到达现场。一到现场，只见一艘被火焰吞噬的船只，船身大部分沉浸在海水中，海水不停地往船上灌，仅船头稍微露出水面；船民们正在努力自救，看见救兵赶到，异常激动。我们立刻展开救援行动，将船民一个接一个救下。他们看起来饥寒交迫，精神处于崩溃边缘，我们协同派出所干警带着他们到镇海角灯塔，给他们做了饭，熬了姜汤，为他们充饥驱寒。船民们说货船是平潭籍，满载货物准备前往广东，因海况不熟，误入礁石区，触到麦穗礁。加上当时风大浪急，浪借风势，致使船体破损严重。船触礁后，他们一方面采取积极的抢救措施，但无济于事；另一方面连续发出求救信号，连棉被、衣物也烧光了。正当他们以为必死无疑、陷入绝望之时，却不承想援兵从天而降，给他们注入一剂强心剂！本以为事情就此了结，结果事隔半个月之后，他们制作并送来一面锦旗，上面写着"海上守护神"，他们还派代表专程来到灯塔表示感谢。这一刻，我们深深感到，作为守塔人，我们责任重大，但也因此获得无比的荣誉和成就感。

图 19-2　夜空下的另一颗星（供图：厦门航标处）

图 19-3　踏上星辰大海的征途（供图：蔡亚财）

（三）灯塔生活拾趣

◎ 作者：郑育雄

🌕 他们把人生最美好、最灿烂的时光——青春，
都献给了灯塔。

　　镇海角灯塔职工是随灯塔成长、已年届不惑的一个群体，
他们中的大多数人自建塔伊始便守护在这里，他们把人生中
最美好、最灿烂的时光——青春，都献给了灯塔，献给了航
标事业。日复一日，年复一年，他们的生活单调而重复，但
当看到船只安全地穿过暗礁时，他们的心中就会涌起无法言
喻的喜悦。在寂寞的夜晚，有的职工会独自坐在灯塔的窗前，
看着海浪在灯光的照耀下翻滚，思绪如同那道破空而过的光
线，穿越大海的深处，与遥远的故乡相连。尽管生活充满单
调和孤独，但他们仍然坚守在岗位上，守护着照亮海洋的灯
塔的光，用温暖的话语抚慰那些漂泊在海上的心灵。

　　然而，寂寞总有去处。镇海角灯塔职工为了排解工作之
余的寂寞，调剂生活，便利用灯塔地处偏僻，范围广阔，山
上遍地皆是昆虫、青草，资源丰富的自然条件，购买了数十
只小鸡来喂养。天长日久，小鸡们自我繁衍成一大群，来客
时随手抓一只宰杀便可作为佳肴待客。殊不知，2002年5月
的一个夜晚，不速之客光临鸡舍，一忽儿吞食了好几只鸡。
次日清晨，负责饲养的职工惊呆了，鸡舍中一只大家伙正懒
洋洋地盘踞着睡大觉，原来这是一条国家一级保护动物——
蟒蛇（约有20余公斤重。现蟒蛇为国家二级保护动物）。灯
塔地处烟墩山上，由于历史的原因，方圆数平方公里的山上
坑道密布，再加上绿树葱郁，遍地青草覆盖，良好的自然环

图 19-4　那些年守护过灯塔的我们
（供图：蔡亚财）

图 19-5　那些年守护过灯塔的我们
（供图：蔡亚财）

境为野生动物们打造了天然的生态圈，经常有野生动物光顾
也就不足为奇了。此情此景让灯塔职工左右为难，于是赶忙
邀来专业捕蛇人士，请"君（蛇）"入瓮，恭送它到深山老林
中去。

自从有了类似的几次遭遇后，灯塔工们喂养的鸡竟一反
常态，及时调整了习性，改变了生活方式。建塔之初，有职
工随手插栽的榕树枝如今长得浓密茂盛、郁郁葱葱，恰似一
把大绿伞。小鸡们选中此风水宝地，从此就弃专门搭建的鸡
舍不用，栖息于树杈上，不管刮风下雨，雷打不动，以此为
家。每到傍晚，一只只鸡像鸟归巢似的，扑腾扑腾地往树上
飞，栖息在树杈上过夜。一开始灯塔职工也想改变这种状况，
把鸡往下轰，但过了一阵子，大家也就默许了鸡的这一生活

图 19-6　那些年守护过灯塔的我们（供图：蔡亚财）

灯塔的分级

灯塔根据发光设备不同，分为以下三种级别：一级灯塔，灯光光力射程≥22海里（使用灯器：PRB-24、PRB-21，直径≥1000毫米的牛眼透镜灯器）；二级灯塔：18海里≤灯光光力射程＜22海里（使用灯器：PRB-46，500毫米≤直径＜1000毫米的牛眼透镜灯器）；三级灯塔：15海里≤灯光光力射程＜18海里，且桩身高度≥8米（使用灯器：250毫米≤直径＜500毫米的鼓型透镜灯器）。

习性。然而鸡栖息在榕树上也就罢了，伤脑筋的是，母鸡下蛋仍像在地上一样，落下的蛋自然是尽数摔得粉碎。眼见就要到手的劳动果实白白浪费，大家心里直着急。于是人们想出一计，取来渔网搭架在榕树四周，把鸡蛋接住，总算解决了这个难题。

由于鸡习性的变化，隔三岔五地会出现母鸡失踪的事。但再过一些时日，灯塔职工便惊喜发现，不时有母鸡带回来一群毛茸茸的雏鸡，四处觅食，煞是可爱。原来灯塔上的鸡自然放养，已经野化，随地下蛋、抱窝已是常事，于是便有了这一桩趣事。

镇海角灯塔与明代卫所制度

朱　越

　　镇海角灯塔是建成于1989年的现代化大型灯塔，无论是灯塔的名称，还是灯塔所处的位置，都与明代的卫所制度有千丝万缕的联系。

　　卫所制度是明朝军队中最为重要的一项制度，据《明史·兵志》记载，凡是防区在一府之内的设所，一府以上者设卫。一卫有五千六百人，长官为指挥使。一卫辖属五个千户所，一千户为一千一百二十人，长官为千户。各地卫、所皆实行屯田制度。军士分为屯田的与守城的，屯田的专门负责耕垦，供应军粮，守城的专门负责防守操练。军士守城与屯种的比例大致是边地三分守城、七分屯种，内地二分守城、八分屯种。

　　镇海角灯塔的名称来源于鼎鼎大名的镇海卫，它所在的烟墩山其实就是军事防御工事烽火台。镇海卫位于漳州市龙海区隆教畲族乡镇海村，是明朝为加强海防、抵御倭寇建设的军事机构，至今已有六百多年历史，与天津卫、威海卫、金山卫并称"明朝四大卫"，其管辖范围北至福州马尾、南到广东汕头。镇海卫建有卫城，周长八百七十三丈，城脊宽一丈三尺，高二丈二尺，开东西南北四门和水门，门各有楼。顺治十八年（1661），清朝对沿海实行迁界政策，卫城在界外，于是被废。十五年后，卫城再修。现在的卫城遗址便是当时重修的故垒，也是四大卫中保存最好的卫城。2013年，镇海卫被列入第七批全国重点文物保护单位。

　　得益于独特的自然、人文特色，镇海角被誉为"福建小垦丁"，连同镇海角灯塔、定台头灯桩一起，已经成为周边群众郊游、休闲的网红打卡地。

猴屿灯塔

灯高
33.1米

塔高
19.9米

值守情况
无人值守

塔身构造
圆柱形混凝土结构

管理权属
东海航海保障中心厦门航标处

地理位置
福建省厦门岛西海域，鼓浪屿北面

历史沿革
2001年建成，2001年11月通过验收并正式发光。

灯器参数
采用美国APRB-252型灯器，射程可达16海里，灯质为闪白6秒。

服务范围
为进出厦门港猴屿西航道和东渡航道的船舶提供安全、便捷的导航信息。

猴屿灯塔

坚守一线岗位十七年的猴屿灯塔守护者

◎ 讲述人：陈林辉
◎ 记录人：罗建铭

> 始建于2001年的猴屿灯塔见证了厦门特区的发展，见证了厦门航标处的成长，也见证了一位位像陈林辉这样的航标人为航海保障事业所作出的贡献。

灯塔，是保障航行安全的明灯。岁月变迁，季节更换，它却始终日复一日，孤独地永驻于同一块岛屿之上；不管是风和日丽还是狂风暴雨，灯塔总以执着的身影，屹立不动，默默地坚守，给远离陆地的航海者们带来希望，点亮远航人扬帆寻梦的旅程。灯塔对于航海人的重要性不言而喻，但灯塔守护者航标工的故事却鲜为人知。作为在平凡的岗位上默默无闻的英雄，他们时刻践行着"燃烧自己，照亮他人"的航标精神。东海航海保障中心厦门航标处陈林辉同志就是这样一位英雄，他在平凡的岗位上演绎着多彩的人生。

自1991年进入厦门航标处工作以来，陈林辉常年扎根在基层一线，先后在厦门航标处 B204、B241、海标101轮工作。2006年，陈林辉来到厦门湾航标管理站，长期从事着繁重的现场一线航标业务工作。凭借着对航标工作的无限热爱，他始终坚信，一生专注于做一事就是不平凡，他自己也是这样做的。从事航标工作32年来，他熟悉厦门航标处辖区绝大多数的航标，对航标有着无法磨灭的情感。

图 20-1　陈林辉现场巡检猴屿灯塔（供图：罗建铭）

　　只要遇到有抢修任务，他总是第一个奔赴现场；无论是多么恶劣的天气和复杂的环境，陈林辉都会提前到单位进行原因分析和器材检查，以严谨的工作态度竭尽全力完成每一次航标应急抢修任务。有一次，陈林辉值班时通过遥测平台发现猴屿灯塔电压信息异常，极有可能影响灯塔夜间的发光。情况紧急，他决定立即进行抢修工作，便第一时间联系同在站值守的陈友灵一同到站器材仓库完成待更换的蓄电池及出海航标器材的准备，同时电话联系作业船舶及时到位。在站的同事黄文明、陈寿清一块跑过来帮忙将仓库蓄电池一块块搬到码头边上待装船。尽管已经接近中午，一旁的黄文明建议中午吃完饭再出发，陈林辉却不假思索地回复时间紧迫，带上点干粮路上吃就行了。焦急的等待中，船舶总算按照约定时间准时靠岸，大伙接力把堆在码头上的18块沉重的蓄电池装上船，所有人穿上救生衣、带上工具包、乘着小渔船出发前往猴屿灯塔。

　　渔船一路颠簸到达了猴屿登陆点。恰逢盛夏的中午，上岛屿的山路崎岖且漫长，把18块沉重的蓄电池扛上山顶的灯塔是重体力活，然而大家并不迟疑，每个人抓起七八十斤重的电池就往肩上扛，作为组长的陈林辉在队伍的最前方带路。猴屿是个无人岛屿，上山的路崎岖难行，树枝繁密、荆棘丛生，行走且困难，何况每人身上还扛着沉重的蓄电池。走最前方的陈林辉左手护着肩上的重物，右手用镰刀一点一点斩断荆棘和树藤，一步一步开出上山的"路"。突然，在半山腰遇见倒伏着的大树，硕大的树冠横在小路中央，路是过不去了。大伙纷纷打起退堂鼓，陈林辉却回过头坚定地对大伙说："你看，大家来都来了，灯塔就在前方不远处了，困难再大我们再咬牙坚持一下就克服了。"树干太大，光靠几个人的力量推是推不动了，只能慢慢把树冠上那些繁杂的横枝一根一根砍掉，工作量着实不小。四个人齐心协力，花费了将近1个小时，用砍刀等工具清理掉树冠，接力把蓄电池送过树干，才得以继续前行。终于，所有的蓄电池都顺利送上灯塔。天气炎热，大家早已精疲力竭，陈林辉回头一看，大家都已汗流浃背，四个人面面相觑。然而，时间紧急，他顾不上休息，便一路小跑进入灯塔，顺着线路一一排查，检查蓄电池充电情况，初步确认是蓄电池老化问题。于是，陈林辉顺着灯塔爬梯来到顶部灯笼里，狭小的空间被烈日烤过以后异常闷热，犹如蒸笼，里面的温度高达40多度，待太久会有中暑的风险。为尽快完成抢修，陈林辉必须穿作业服进去，时间一分一秒过去，汗水将他的衣服反复浸透，早已严重褪色的作业服甚至出现了盐渍……完成新电池组的连接安装、灯器的更换，到最后确认蓄电池电压及灯器发光恢复正常，陈林辉一待就是1个小时。直到完成工作他才如释重负，赶紧向地面的同事高兴地喊话。

从灯笼上爬下来的时候，大家陆续把刚换下的旧蓄电池一个一个往山下搬。为了赶时间，大家都顾不得歇息，陈林辉顺手也抓起电池往肩膀上扛，一旁的陈友灵还开着玩笑："下山的路还是比上山时轻松不少哇。"等所有蓄电池都搬回

船上，不知不觉已是暮色将近，然而，完成应急任务后大家心里都十分踏实。"突突突"，小渔船启动了，伴着夕阳慢慢向回家的方向驶去，几个人两手交叉垫着头倚靠在船舷的一侧木板上，静静地望着天空，还跟着手机里的音乐哼起了调儿，这是他们一天中最惬意的时间。

　　这样的应急抢修场景是陈林辉几十年航标生涯的一个缩影，更是一代代航标人忠诚不渝的信念、踏实苦干的作风的体现。始建于2001年的猴屿灯塔见证了厦门特区的发展，见证了厦门航标处的成长，也见证了一位位像陈林辉这样的航标人为航海保障事业所作出的贡献。

图 20-2　厦鼓航线上的猴屿灯塔（供图：罗建铭）

东庠岛灯塔

 灯高

48.8米

 塔高

16.7米

 值守情况

无人值守

 地理位置

福建省平潭县东庠岛东北角东霞村无名山头上临海一峭壁上

 塔身构造

圆形石砌混凝土结构

 管理权属

东海航海保障中心福州航标处

 服务范围

为台湾海峡北部的主要助航标志之一，同时也是船舶进入松下港水道、兴化湾水道和海坛海峡航道的重要航标。

 历史沿革

1989年由灯桩升级为灯塔，同年12月正式发光；1997年重新改建。

 **灯器参数**

主灯为TRB-220型灯器，射程16海里；副灯为NVF-L112B。灯质为闪（3）白10秒。

东庠岛灯塔

义务"航标协管员"

◎ 陈云辉

"有事找老林，他会帮我们办得妥妥的！"

东庠岛灯塔是福州航标处平潭航标管理站管辖的三级灯塔之一，位于福建平潭东庠岛东北角东霞村的一座无名的小山坡上，地理位置显要，是台湾海峡重要的导助航标志。为有效保障辖区灯塔运行正常，多年来，福州航标处采取多种维护方式和作业手段，其中重要的一种便是：对于附近有村落居民的灯塔，航标管理人员会积极联系当地群众，请求他们协助关注航标日常动态，以便在灯塔出现异常时，工作人员能第一时间获取现场情况，在最短时间内部署应急抢修任务。这些群众逐渐成为航标效能状况跟踪的重要力量，我们亲切地称他们为义务"航标协管员"。

林在义，我们习惯称他为"老林"，是土生土长的东庠岛渔民，住在临近灯塔的东霞村，平日里热衷公益事业，为人淳朴厚道、积极乐观，富有爱心、乐于助人。从青壮年到老年，他陪着平潭航标管理站一代又一代航标工走过风风雨雨四十载，一直义务看守东庠岛灯塔。

一、他是我们心中的最佳"航标协管员"

"小陈，有个事我跟你反映一下，这两天晚上我看着山头那个灯（东庠岛灯塔）总感觉比平时暗了点，会不会是上面的光源有问题？"一天晚上，我接到东庠岛老林的电话。听到这个情况，我意识到可能是灯塔的设备出现了异常。我在电话里向老林了解灯塔上各个设备的具体运行情况，老林也很给力，凭借多年的经验，为我准确详细地描述了现场情况，很快，我们判断很可能是灯器能源出了问题。

图 21-1 东庠岛灯塔全貌（摄影：肖恩慧）

图 21-2　前往灯塔的途中（摄影：陈剑冰）

第二天一大早，我们带着工具，乘坐第一班轮渡到东庠岛进行维护。老林早早地就在码头等着我们了，他坚持要跟我们一起上灯塔，想看看到底怎么一回事，长长知识，积累经验，日后也能更好地协助我们看好这灯塔。我们怕耽误他做事，一直婉言拒绝，但执拗的他坚持要跟我们走。和他相处多年的我知道他是遇事总要琢磨明白的人，只好遂了他的愿，带他一起上灯塔。

到了现场，我们很快就找出了问题根源所在：原来有两2片55瓦光伏板的电路板节点出现了腐蚀，造成日间光伏板蓄电不足，导致旋转灯器夜间发光的亮度不够，影响了灯光射程。维修过程中，老林一边给我们递工具，一边默默地学习着，临了还帮我们一起擦拭灯器设备和光板，看着比我们还认真。一个航标工打趣道："老林，要不你跟我们一起做航标工算了。""嘿嘿，我就是个渔民，没什么文化，了解一点航标常识，帮你们做一点事就行了。说心里话，帮你们做事也是帮我们渔民自己，我们渔船早出晚归，你们的灯帮我们指明方向，作用很大呢！你们的工作是为渔民做好事的。"那一刻，我们沉默了。老林的话很质朴，却把我们灯塔导助航服务保障的功能讲得很通透，也让我们感受到了来自渔民的肯定和尊重，那一刻，顿觉肩上的责任更重了。

更换完光伏板后，我们对所有设备进行了全面检测，确保一切正常后开始返程。途中，我由衷地对老林表示感谢："老林，这次可多谢你了，要是没有你提前给我们反馈这个情况，真到后面设备出现异常，我们抢修起来可就麻烦了，作业难度得比现在大多了。"老林憨憨地笑着说："多大点事，帮你们看一下这灯又不用花多长时间。你们放心，这灯我管看、你们管修，保证一切正常。"是啊，有老林这个有责任心的义务"航标协管员"在这里帮我们看守着，保证东庠岛灯塔正常运作这事儿就稳了！

二、他是我们心中的最佳"后勤保障员"

平潭航标管理站的航标作业人员换了一茬又一茬，但只要在航标工岗位工作过的，没有不知道东庠岛老林这个义务"航标协管员"的，他的家更是我们到东庠岛灯塔开展巡检

图 21-3 蓝天白云下的东庠岛灯塔（摄影：肖恩慧）

维护作业时必到的打卡点。平常我们到东庠岛作业，航标工上下灯塔后都会到老林家里歇歇脚，唠唠家常。说来惭愧，有几年，老林家甚至是我们的蹭饭点。老林非常热情，每次饭点都一定要邀请我们到家里吃饭。因为怕打扰他们一家人，我们试图婉言谢绝，但终究拗不过老林的热情。他的理由很简单，说我们在乡里的饭店吃得又贵，又不一定干净，没有在家里吃得舒心，让我们别介意，权当到他们家做客。于是我们定了君子协议——我们交伙食费，他们提供客饭。这个事一直持续了好多年，直到老林家的小孩搬到县里去，岛上老房子只剩下老林夫妻俩，我们再也不忍心麻烦他们，这事才作罢。

　　"有事找老林，他会帮我们办得妥妥的！"这是平潭航标管理站的航标工们对老林的一致评价。每逢我们开展灯塔大维护、大保养或者应急抢修工作时，需要雇用人手、租用设备的，一通电话，老林都会帮我们安排稳妥。在现场，他总是事事抢在先，挑、抬、扛，一样不落后于别人，始终发挥着带头表率作用。有一次灯塔修缮，为了省时省工，工程队驻扎在当地进行施工作业。我向工程队推荐老林，让他帮忙处理后勤事务。工程

图 21-4　东庠岛全景（摄影：肖恩慧）

结束后，工程队负责人林总打电话给我表示感谢，说我们推荐的老林帮了他大忙，无论是吃、住、交通，还是劳工、电机设备租用等各方面都给予大力支持，让他省了不少麻烦，感慨老林是个大好人、实诚人、热心肠的人。

　　要不然怎么说老林是我们的最佳义务"航标协管员"呢，他的优点可不止这些。但最重要的是他对我们航标是有感情的，对我们的工作十分上心。记得有一次台风过后连续几天暴雨，导致东庠岛灯塔所在的无名山山体滑坡，前往灯塔必经之路坍塌。老林第一时间把这个消息告诉了我们，并给我们探出两条新路方便我们来往灯塔。老林还很贴心地给我们讲了这两条路的优劣势：一条过田埂、翻山坡，路好走但费时间；一条从灯塔下的浅滩过，路难走些但胜在省时。老林还亲自带着我们熟悉这两条路，嘱咐我们平时进行常规巡检时要提前和他说，他好仔细挑个时间再通知我们来（因为灯塔下的那条捷径潮水涨潮时就淹了）。虽说我们航标工会从专业的角度开辟更优路线，但他这个耐心、细心、贴心的举动让我们倍感温暖，至今难以忘怀。

西台山灯塔

 塔高

24.4米

 灯高

143.7米

 值守情况

有人值守

 地理位置

福建省福鼎市沙埕镇东部海面西台岛上

 塔身构造

六角形混凝土结构，塔顶为半球形灯笼

 管理权属

东海航海保障中心福州航标处

服务范围

位于闽浙海上交通咽喉，与北部的北麂山灯塔、南部的台湾东浦灯塔相衔接，为过往船舶提供航行保障。

 历史沿革

始建于1991年6月，同年12月试发光，1992年10月正式发光。

 灯器参数

主灯采用美国泰兰TRB-400型灯器，射程25海里；备用应急灯器为美国泰兰TRB-220，灯质为闪白4秒。

西台山灯塔

灯塔是怎样建成的？

◎ 范恒礼

我们可是创造了灯塔建设的纪录！

如果问我关于西台山灯塔的印象，最深的莫过于它从无到有的建造故事。20世纪80年代，随着改革开放形势的发展，为进一步提高导助航效能，保证船舶在沿海干线主通道和台湾海峡的航行安全，促进海峡两岸"三通"，建设东海完整的灯塔链，交通部在闽浙交界沙埕港东北方向18海里处西台山岛建设大型灯塔——西台山灯塔。

1987年9月，交通部航测处派员对西台山岛进行实地踏勘，后由上海海监局提出建塔可行性研究报告。1990年8月，我们接过使命，前往西台山岛进行勘察定点；同年10月，完成初步设计稿；11月，交通部工程管理司审批了初步设计。1991年3月，完成施工图设计；4月完成"三通一平"；6月5日土建工程正式破土动工；12月25日便完成灯塔试发光，创造了当年设计、当年施工、当年发光的灯塔建设纪录。这无论是在当时那种恶劣的环境下还是如今的条件下，都是值得说道的了不得的事儿。

　　试发光后，由于岛上干旱严重、极度缺水，施工队伍不得不撤离现场，直至1992年5月复工，并于同年9月底完工。10月10日，福州航标区会同施工单位、设计部门、县质检站等单位进行初验，一致认为该工程符合设计批准的规模、内容、标准等要求，同时造型美观、质量较好、资料齐全，被

图 22-1　夜幕下的西台山灯塔（摄影：郑敏良）

图 22-2　工人们正在组织安装管道
（供图：福州航标处）

图 22-3　1992 年灯塔验收（供图：福州航标处）

评定为优良工程。10月25日，西台山灯塔正式发光，与北部的北麂山灯塔、南部的台湾东浦灯塔相衔接，形成完整的东海海域灯塔链，对改善航运基础设施、保障船舶航行安全、助推地方港航经济发展具有重要的现实意义。

灯塔建设期间，原福州航标区副区长吕榕西、工程师林其中以及张冠彬科长、王为国师傅与灯塔工叶友束、梁碧达、王仁春、王志信常驻岛上。他们借住部队平房，打地铺，克服夏天的蚊虫叮咬、高温难耐和冬天的寒风呼啸、潮湿阴冷，与工程队一起早出晚归。而且1991年这一年出奇地干旱，从4月底到12月25日试发光的日子里没下过一场雨。我之所以能清晰地记得每一个日子，是因为那段时间真的度日如年，非常难熬。为了早日建成灯塔，西台山"两委"发动村民日常自觉限水，尽最大努力保障灯塔建设用水。淳朴的村民们遇到我们总会说"有水用吗？""有水喝吗？""我们家还有一桶水你们先拿去应急"。

我们感念质朴憨厚的西台山村民，每逢从陆上运水都会为军烈属、孤寡老人、非壮劳力的村民预留一点，以度时艰。

在基建的日日夜夜里，与第一代航标拓荒者朝夕相处，他们那种吃苦耐劳、敬业奉献的精神深深烙印在我们这一代航标人的心里，一直激励着我们在西台山灯塔续写航标人平凡坚守的篇章。

图22-4 1992年福州航标区委派B232船为西台山送水以应急补充水源（供图：福州航标处）

图22-5 今天的西台山灯塔大门（供图：福州航标处）

灯塔的结构

灯塔由下部的塔身和上部的灯器构成。塔身可由各种建筑材料构筑，作为白天的识别标志。而灯器产生的灯质作为夜间的识别特征。

管理权属

东海航海保障中心温州航标处

地理位置

浙江省宁波市象山县渔山列岛

服务范围

为南来北往航行于渔山列岛附近船舶提供安全保障。

历史沿革

始建于光绪二十一年（1895），现灯塔是1987年7月15日重新建成的现代化大型灯塔。

北渔山灯塔

灯高
103.6米

塔高
16米

特色

北渔山灯塔是一座拥有百年历史的国际灯塔，红白相间，有"远东第一大灯塔"之誉。北渔山灯塔在1987年重建发光，成为中国东南沿海灯塔链中的重要航标之一。

塔身构造

铸铁结构

值守情况

有人值守

灯器参数

主灯采用美国泰兰TRB-400型灯器，射程25海里，备用应急灯器为美国泰兰ML-300，灯质为闪(2)白20秒。能源供给使用太阳能电池组。

北渔山灯塔

难忘在北渔山灯塔工作的日子

◎ 讲述人：江育平
◎ 记录人：朱鹏勇

> 父亲还告诉我："灯塔是海洋中的指南针，是海员们回家的引路人和希望，我们要用最真挚的心去维护它，让每一个需要的人都能找到方向。"就在那时，我深深地记住了父亲的话，立志今后要成为一名出色的灯塔工，为国家的航标事业奉献一生。

我就是20世纪80年代响应国家号召被招进来的第一批灯塔工，我的父亲也是温州航标区的灯塔工。从小在父亲的影响下，我耳濡目染，对灯塔工作充满兴趣，父亲教会我一些航标知识和航标技术，以及如何维护灯塔、如何保障灯塔的正常运行和发光。父亲还告诉我："灯塔是海洋中的指南针，是海员们回家的引路人和希望，我们要用最真挚的心去维护它，让每一个需要的人都能找到方向。"就在那时，我深深地记住了父亲的话，立志今后要成为一名出色的灯塔工，为国家的航标事业奉献一生。

1987年5月，我如愿以偿被招入温州航标区工作，真正地成为了一名灯塔工，心中很是欣喜。那时我刚满19岁，年少懵懂，对新的工作和即将开启的人生事业都非常向往，也深知前面即将要面临的困难和艰辛。

灯塔建设

1987年6月中旬，我被招进队伍不到半个月，就接到上级指示，和其他航标区的同事一行8人派驻北渔山，完成北渔山灯塔的建设安装任务。

来到北渔山，岛上居住的人很少，工作生活条件也比较艰苦，但既然来了，困难和艰苦就是挑战，工作永远排在第一位，其他的都可以克服。就这样，凭着年轻人对工作的热情，我们开始了在北渔山灯塔的工作。

图23-1　北渔山灯塔重建的艰苦作业（供图：温州航标处）

图 23-2　月光与北渔山灯塔灯光（摄影：陈方敏）

　　为了赶在规定的时间节点前完成任务，温州航标区张居林主任赶到北渔山岛亲自指挥安装工程。每天早晨，工作之前，我们都像部队战士一样，列队听取主任下达工作任务。每次布置完工作，张居林主任都会带着我们一起高喊三声"加油"，以鼓舞士气。那时候我们都很年轻，也觉得浑身有使不完的劲，再加上平时都是领导带头在干活，所以都是拼命地干，想干出点成绩得到领导的肯定。

　　就这样连续干了20多天。六月末的天，海岛的太阳特别晒，一点遮挡都没有，大伙的手臂和脖子后面都被晒脱皮了，皮肤黝黑黝黑的，摸上去干巴巴的。一些同事扛不住了，甚至有了打退堂鼓的念头。张居林主任看到了这一切，赶紧跟大家谈谈心，稳定队伍的情绪。

　　7月12日晚上，主任趁着大太阳，提前让大伙收工，大家围坐在一起，边吃饭边聊天，谈理想、聊愿望、聊对象、聊未来。大家都很年轻，不到20岁，在一起工作的氛围特别好。主任说："你们都是年轻人，我也是从年轻人过来的，年轻人就要到这种最艰苦的地方锻炼，磨炼意志，在平凡的工作中取得一些成就，才能在将来更广阔的工作领域中站稳脚跟。现在吃了苦，今后方能知道甜。千里之行，始于足下。只有扎实地走下去，在工作中吃苦耐劳，取得一些成果，才能为将来的工作打下良好的基础。"

听完主任一番话，借着月光向远处看去，前方的灯塔在我们这支年轻队伍的努力下已经有棱有角了，特别是在月光的照射下，熠熠生辉。我突然有一种很强烈的成就感："东海明珠"北渔山灯塔是在我和我同事的努力下完成建设的，我完成了一项神圣的使命。这样想着，一天的疲惫不知不觉便烟消云散了。

紧急关头

2000年7月3日的夜里，我在北渔山灯塔值班时突发急性阑尾炎。当时北渔山岛上医疗条件有限，只有一家诊所，稍微好一点的镇医院远在海对面的石浦镇上，交通很不方便。同事发现我的情况，急忙找来一辆手拉车，将我紧急送下山去。到诊所时发现值班的医生是刚调来的，刚刚学校毕业没有多久，没有工作经验；而且诊所没有手术室，也没有会外科手术的医生。这下可难住了我们：这下怎么办？这可是人命关天的事啊！最后我们不得不联系当地政府求救，政府紧急联系了渔船才将我连夜送到石浦镇医院，进行了急诊手术，我这才转危为安，现在想来还有点儿后怕。

当时和我一组的灯塔工蔡财相就在现场，他回忆起当时的情景，说场面很是令人绝望，真是叫天天不应，叫地地不灵。他仿佛从我的绝望的眼神里也看到自己，在这"鬼地方"，谁能保证这样的事以后不会发生在自己身上！

和妻儿的春节

20世纪80年代，未婚单身的灯塔工一年的假期只有20天，成了家以后也只有短短的1个月，想见家属和小孩一面都很难。

2001年腊月二十八，天气特别冷，我要赶在春节前，换下已经在岛上连续值班20多天的同事，让他回家跟家人团圆。跟往常有点不一样，为了家人可以在一起，我老婆带着只有5岁的孩子，离开温暖的家跟着我一起来到了陌生的石浦镇。

那个时候，去北渔山没有固定的渡船，只能自己跟码头的渔船和小运输船谈好价钱过去。临近过年，码头的船已经很少了，稍大一些的船只都不运营了，只留下几艘小渔船，而且价格特别高。好不容易找到一艘渔船愿意送我们。船很旧很小，连个像样的遮蔽区都没有，我们就这么在露天里站着，任凭自己随着海浪摇摆。

冬天海风呼啸横行，海水拍在礁石上掀起的海浪足足有四五米高。这种海况下，渔船一般是不出海的。此刻，我看着平时留着整齐长发的妻子，现在头发连头绳都绑不住了，长发凌乱地打在脸上，眼角被寒风吹得泪水都流下来，手也冻得冰凉；孩子蜷缩在妈妈怀里，手被冻得青一块紫一块的，一直哭喊着："妈妈我们回家吧，我们回家吧，这里好冷，好可怕，妈妈我们回家吧！"我心里实在不好受，大过年的，让家人出来跟我在海上受罪。这时候，老婆僵硬的脸勉强挤出笑，安慰我："育平，我们来都来了，我们都这样辛苦难受，在岛上的他们可能比我们更辛苦，我们不能因天气不好到不了岛上，就耽误他们回家过年啊。"看着老婆抱着孩子随船只颠簸航行，有几次险些要掉入海里，我心里真不是滋味。索性，我就一手抱着老婆和小孩，一手使劲扶住船的立柱，这样才好了些。

天是真的冷啊，脚都被冻得没有知觉了，眼睛被海风吹得都睁不开。忽然耳边传来"呼"的一声，一个大浪过来，船老大躲闪不及，浪直接打在船头，海水哗啦啦地飞了过来，直接浇在我身上，淋了湿透。幸好老婆小孩被我挡着，才躲过一劫。

就这样颠簸了4个多小时，北渔山岛的样子终于越来越清晰了，岛上的灯也慢慢地看得见了。中午12点出海，快到北渔山的时候，都已经快5点了。天慢慢地黑了下来，浪慢慢地远去，海风也没那么厉害了。此时孩子早睡着了，老婆脸上也渐渐展现出笑容。傍晚5:10左右，渔船终于停靠在北渔山码头上。

在岛上，我们搭了辆拖拉机，顺道上北渔山灯塔。此时孩子醒了，开始东张西望，估计是看到陌生的海岛很是新奇，时不时就会发出"咯咯"的笑声。见到平时一起工作的大伙，我们紧紧地抱在一起，互相说着"过年好，过年好"。虽然嘴里喘着粗气，心里却热腾腾的，大伙围着桌子提前吃了年夜饭，第二天就送值完班的同事回家过年。

吃过饭后，我带着老婆小孩，迎着晚霞在灯塔附近转了转。我问老婆，这一趟跟我来北渔山过年辛不辛苦，老婆仰起脸笑着，对着我说："只要你对我好，在哪里我都不觉得辛苦。"听着老婆这样说，我心里觉得好温暖；我在心里暗暗发誓，无论我在哪里，无论我干什么工作，我都要一辈子对她好，一直爱她，让她得到幸福。我就这样抱着老婆慢慢往山下走。虽然冬天海岛上的风很冷很大，但我的心里却很温暖；虽然海岛的工作条件很差，但老婆的信任和支持就是我坚持下来的坚强后盾。

图23-3　去北渔山灯塔的路（供图：温州航标处）

 管理权属

东海航海保障中心温州航标处

 地理位置

浙江省台州市椒江区，大陈岛东南方向

灯器参数

16海里双组一体式北斗遥测灯器，灯质为闪（2）白10秒。

下屿灯塔

塔高
11米

灯高
153.5米

服务范围
台州列岛附近

历史沿革
2007年9月始建，2007年10月24日通过验收并正式发光。

值守情况
无人值守

塔身构造
混凝土结构

特色
1996年5月15日《中华人民共和国政府关于中华人民共和国领海基线的声明》公布了中华人民共和国大陆领海的部分基线和西沙群岛的领海基线，其中明确下屿所在台州列岛为领海基点，界定了我国海洋国土主权范围，维护了我国海洋权益，同时为我国开发利用和管理治理海洋资源提供了法律支持。

下屿灯塔

航标使命　攻坚克难

◎　张一鸣

> 抢修抢险工作刻不容缓，迟一天完成这份工作，就意味着海上来往的船舶多一分危险。

2011年12月下旬，北风席卷了整个台州沿海，天乌蒙蒙一片。值班人员通过遥测数据平台发现，下屿灯塔在夜间的电瓶负载电压已下降至12伏以下。正常情况下，灯器电压在夜间应该在12.6伏以上。此时电压明显不在正常范围，为保障航标的正常效能，航标组紧急准备了应急器材、电瓶、电缆电线和应急工具，随海标1013船前往下屿灯塔开展应急抢修任务。

时值风雨交加的天气，当海标1013船开到下屿灯塔时，海面波涛汹涌，海浪的声音一声比一声大，掀起的浪头有几米高。无论是天气还是海况，都不允许船只进行登陆作业，航标组无奈返回。虽然初步工作失利，但为了能在第一时间登陆抢修，航标组的各位工作人员依然持续跟进，他们一边通过遥测系统关注灯塔工作状态，一边继续密切关注天气海况。

终于，在12月31日这天，天气转晴。虽然海面上依旧有不小的风浪，但情况已经刻不容缓，必须登陆。航标组当天携带好应急器材，随海标1013船再次前往下屿灯塔海域。虽然天气状况较前几日已有所好转，但海面上仍然是暴雨倾盆、狂风呼啸，冒着如此风浪更换体积较大、重量较重的500安时铅酸蓄电池有非常大的安全隐患。为保障人员安全，航标组只能临时决定采用备用方案，即先换用体积较小、重量较轻的12只3PS1100型锌空电池作为过渡，待天气转好再次更换电瓶。

图24-1　下屿灯塔周围海面（摄影：张一鸣）

图 24-2　下屿灯塔的灯器（摄影：张一鸣）

图 24-3　位于下屿岛的领海基点标志（摄影：张一鸣）

更换电池后的灯塔平稳运行了几天后，航标组成员们还是听到他们不愿听到的消息：2012年1月4日，航标站值班人员发现下屿灯塔灯器负载电压已明显偏低，锌空电池电压明显下降，夜间最低负载电压达到9.0伏，远低于正常工作电压，灯器工作电流只有3.15安。

在此后的几天里，航标站成员们每时每刻都在紧盯海况，寻找能够登陆的最佳时机。最后终于在1月9日，经过对海况的严谨分析，航标组再次组织人员前往下屿灯塔海域。天气还不是理论上的最佳状态，再加上时值冬季，受到寒流影响，海风比其他时期要猛烈得多。虽然条件严苛，但抢修险情就是命令，就是航标人的使命。抢修抢险工作刻不容缓，迟一天完成这份工作，就意味着海上来往的船舶多一分危险。只要有一丝机会，就要抓住。所以在天气稍有好转的这天，航标站成员准备充分利用好有利天气迅速、保质保量地完成抢修任务。

但受限于当天的天气条件，海面风浪较大，加之登陆点附近海床情况复杂，登陆条件十分恶劣。然而下屿灯塔的紧急状况已经持续了将近半个月，不能再无功而返了，无论如何，这一次出海一定要将下屿灯塔的问题圆满解决。

航标组决定夜间在大陈岛锚泊待命，以便抓住有利时机最快赶到下屿灯塔进行作业。在这天夜里，船长及船上成员轮班协助航标组成员对海况进行持续观察，每个成员注意力都高度集中，内心祈祷好天气的到来。

次日清晨，天才蒙蒙亮，看了手表时间才刚6:12，船长观察海况后发现天气暂时还

图24-4　下屿灯塔远景（摄影：张一鸣）

图24-5　下屿灯塔（摄影：张一鸣）

比较好，骇人的风浪尚未成形，海上视野也较为清晰。船长一声令下，海标1013船第三次开航前往下屿灯塔。这一次的行动准备充分，加上天公作美，所有人都信心满满，充满希望。但还有两个难点：一个是找到合适的登陆地点，另一个是要迅速且高效地作业。经过层层险阻，海标船在周围经过多次尝试，千般努力，才终于找到合适的登陆地点，成功登陆到下屿灯塔所在的小屿。

解决完第一个难点，剩下的就是对航标组成员们的考验。要保障潮位稳定在合适高度，使船舶能够顺利退出登岛水域，就需要航标组争取用最短的时间完成工作。这项工作要求高度专业水平的同时，还要求细致入微的操作，这对航标组成员们是个不小的挑战。

为了尽快高效地完成这项任务，海标1013船充分调动所有能调动的人力，船上除了船长和值班轮机员外，其他船员都积极主动地伸出援手，为航标组人员分担力所能及的工作。他们充当搬运工，与航标组人员一起搬运18只500安时电瓶。即使是搬运这样的活儿，也要费大力气去完成；这些电瓶体积大、重量大，光是搬运电瓶上灯塔就花费了不少时间。虽然身处寒冬，但大家都干得热火朝天，沉浸于责任感和使命感当中。经过全体航标组成员及船员整整3个小时的共同努力，克服了风浪大、颠簸、搬运难等各种难题，紧急抢修终于结束，人们心中的一块大石也终于落地。

这次任务虽然历时长，工作重，但攻坚克难就是我们航标人的使命，哪怕条件再苦，也要奋力去做，尽自己所能完成抢修抢险，保障辖区内的每一处航标，做来往船只的守护者。

塔高

16.5米

值守情况

有人值守

塔身构造

圆柱形铜铁结构

服务范围

是我国东南沿海、东南亚地区及经由东
海进出长江口的重要标志，我国东南沿
海大中型船舶航线上的重要标志之一。

花鸟山灯塔

 灯高

89米

 历史沿革

1870年始建，1910年重建，1916年扩建，由英国人建造。

 **灯器参数**

采用2000瓦卤素灯，周围置四面透镜和旋转机组，透镜直径1.84米，每分钟旋转一圈，射程24海里。

 地理位置

浙江省舟山市嵊泗县花鸟岛上

管理权属

东海航海保障中心宁波航标处

特色

集视觉航标、音响航标、无线电航标、船舶自动识别系统（AIS）基站于一体的大型灯塔，装风向板，顶层使用巨大的玻璃为墙体，聚光灯安装在灯塔顶层中央。

花鸟山灯塔

花鸟山灯塔燃料补给方式的一次大革命

◎ 李　敏

花鸟灯塔输油工程的成功实施，结束了灯塔工挑油的百年艰辛历史，减轻了灯塔工的工作强度。

灯塔的光源被称为"灯"，长期以来采用明火点燃的方式，后由蜡烛代替。

1781年，欧洲开始采用圆筒芯灯泡和抛物面反射镜。美国人用鲸油来做固体光源灯芯，1810年，温斯洛·刘易斯引进圆筒芯灯和抛物面反射镜系统。19世纪50年代初，美国人开始用菜籽油代替鲸油作为燃料；50年代中期，又以猪油替代。19世纪70年代开始，煤油逐渐取代猪油，至80年代末完成全部替换。20世纪初，电力和电石乙炔气开始取代煤油，借由达伦光得以进一步发展，使得黄昏时塔灯能自动点亮，黎明时自动熄灭，灯光射程一般为15~25海里。

在我国舟山群岛的最北端、长江口至太平洋航线上有一座特大型灯塔，因其地理位置重要、规模巨大、功能齐全、历史悠久且具有国际影响而被称为"远东第一灯塔"。2001年，花鸟灯塔被国务院列入第五批全国重点文物保护单位。

　　花鸟山灯塔是我国最大的一座集视觉、音响、无线电航标三合体的灯塔，它是船舶进出长三角的门灯，也是我国南北海运必经之灯。

　　查阅花鸟山灯塔经历的几次大改革会发现，每次改革背后都是灯塔守塔人的默默奉献。这其中的燃料补给改革更是为花鸟灯塔持续发挥作用产生了重要影响。

　　时光回溯到1989年，那一年，花鸟山灯塔上共有守塔工23名，塔上的工作和生活用电仅由3台单机容量为24千伏安的2135柴油发电机组供给。据当时守灯塔的工人回忆，为保

图 25-1　全国重点文物保护单位碑（供图：许文韬）

图 25-2 叶中央一家三代灯塔工在花鸟山灯塔（供图：许文韬）

图 25-3 雾天的花鸟山灯塔（供图：许文韬）

证用电需要，三台机组实行24小时轮流发电，每月耗柴油约为6吨，而发电机组的燃料补给则由镇海航标区（现宁波航标处）通过登陆艇将每只装有165公斤柴油的油桶，从镇海或枸杞岛运抵花鸟客运码头，后由灯塔工将油桶从船舱里手抬肩扛上码头，然后装车上灯塔，整个过程劳动强度大，且运输中油桶破损造成的浪费也很惊人。当时参与值守的守塔工人告诉我们，早些年灯塔上的守塔条件十分艰苦，时不时还会出现因为天气原因而无法补给的情况，在燃料补给不足的情况下，只能优先保证灯塔用电，因此很多时候，油桶仅存的油料就得持续用上一两个星期。同时，油料运输过程中，由于登陆艇较小，油桶和大米蔬菜经常混放在一起，若遇到风浪，泄漏的油料经常污染各种补给物资，大米蔬菜便不能食用了。等到补给物资上岛搬运的时候，新的问题又随之而来：因上灯塔的山路崎岖陡峭，时不时会发生油桶翻倒造成伤人和溢油的险情。因此在当时，很多灯塔工都"见油生惧"。

为改变灯塔补油的这种落后状况，当时上海航道局便将花鸟灯塔输油工程列入1989年必办的十件实事之一，并交由镇海航标区实施。此项工作任务十分艰巨，因为在系统内灯塔机械化输油尚属首次，没有具体的参考资料和参考经验，时间也比较紧。当时镇海航标区成立了以区领导王耀巨为组长的工程小组，工程技术人员有吴永葆、孔泉福、冯云多，具体负责该项工程的实施。工程于当年5月份正式启动，经工程小组调研和讨论确定了改造方案：一方面，将花鸟灯塔原有的3只废旧气罐改造成为油罐，每只贮油5吨，从油库房到小码头敷设一条油管，以便登陆艇直接向岛上输油。另一方面，对B216艇进行改装，加装输油设备且不影响船的总体结构和性能，以便维护和有利控制溢油污染。当时确定工程的总体设计单位是中船总公司第701研究所，油罐改造和油管敷设施工单位为石化三公司高工安装队，B216登陆艇的改造单位是镇海外海船厂。经过4个月的紧张工作，当年9月

图 25-4　2011 年 5 月 6 日，浙江省首届海洋运动会圣火采集仪式在花鸟山灯塔举行（供图：许文韬）

即完成塔上的 3 只压力容器改装以及 165 米输油管系的防腐处理和安装。同时，B216 登陆艇上安装了 2 台高压油泵、1 台柴油发电机组，以及配电箱和控制计量设备。同年 9 月 23 日，B216 登陆艇赴花鸟山灯塔进行输油试验，经实地测定：高压泵运转平稳，自吸力强，单泵工作每小时可输油 7.8 吨，双泵工作每小时可输油 16 吨，两项关键参数均达到设计要求。守塔人的日志上至今还记录着此次安装敷设的具体过程。自此，镇海航标区开始在辖区各灯塔上进行输油管道的敷设，20 世纪 90 年代初，先后在白节山、下三星、小龟山、洛迦山和七里屿灯塔等有人值守的灯塔安装了输油装备，这些输油管道沿用至今，不少还在发挥作用。花鸟山灯塔输油工程的成功实施，结束了灯塔工挑油的百年艰辛历史，减轻了灯塔工的工作强度。

随着时代的变迁，花鸟山灯塔上艰苦的守塔环境已经得到大幅的改善，电视电脑、Wi-Fi、北斗卫星导航系统等设备的安装，使得守塔工作不再那么艰辛。随着近年来嵊泗对花鸟岛旅游业的开发，花鸟灯塔已经不单单是传统意义上的灯塔，更是传承百年历史，弘扬"引领、坚守、担当"的新时代守塔精神、奉献精神的象征；守塔工这份古老的职业也焕发出勃勃生机，他们除了日常对灯塔进行保养维护，同时也负责传播灯塔精神。作为舟山仅有的几个全国重点文物保护单位之一，花鸟山灯塔近几年吸引了全国各地的游客到此打卡，花鸟灯塔也因此成为舟山旅游最具代表性的地标建筑之一，入选"舟山十景"。

灯塔的高度

通常根据建立灯塔所在场所在海面上的高度来确定灯塔高度。由于大型灯塔需要尽可能大的视距，因此，选择在海平面较低的位置建设灯塔时，为了增加视距就要把灯塔结构抬高。为了减少云雾等对高耸灯塔灯光的影响，便于观测，再加上为有效节省建设费用，一般选择在可容许的范围尽量降低灯塔建设高度。灯塔塔身的高度是由所需灯光可见距离、灯的照射面积和建筑场地的地面高度来决定的。

洛迦山灯塔

灯高
89米

地理位置
浙江省舟山市普陀区洛迦山岛上

塔高
16.5米

管理权属
东海航海保障中心宁波航标处

灯器参数
主灯采用美国泰兰TRB-400型灯器，灯质为闪（3）红、白9秒，射程为红7.5海里、白15海里；备用应急灯器为美国泰兰ML-300，灯质为定白，射程8海里。

值守情况
有人值守

塔身构造
青石圆塔结构

服务范围
与东亭山灯塔成链，与船礁灯桩相应，引导船舶进出普陀山港，是伊佛兰水道和莲花水道的重要助航标志。

历史沿革
建成于1890年

洛迦山灯塔

洛迦山灯塔：为你写诗

◎ 张　乐

　　🌕 **毫无疑问，这是一座饱含温情诗歌气质的有故事的灯塔。**

　　写一首诗，无论其他，只为遇见你。

　　明万历年间（1573—1620），洛迦山就有简易民间"航标"在夜间点亮，帮助船舶避免触礁等海难，沿海一带百姓怀着敬仰之心称之为"天灯台"。明代戏曲家屠隆所作《洛迦灯火》就此云："荧荧一点照迷津，光夺须弥日月轮。万劫灵明应不灭，五灯传后与何人？"

　　时光过去了400多年，天灯台成了大灯塔，模样变了，初心不改。屠隆若真能见到他诗中点赞的主角今日依然在美丽的莲花洋上矗立，听闻"传灯""颂灯"的故事在用他所喜爱的作诗吟诗的方式接力延续着，定会倍感欣慰。

　　"大海上有多少灯塔，就有多少不眠的眼睛，指引航行者的生命。不用说，所有的灯塔都是为渔帆照亮归程，唯有洛迦山灯塔更是启示一种灵魂的慈航……"这是中国作协会员、浙江省作协主席团成员、舟山市作协主席白马（本名朱先马）于10余年前在海上采风并登临洛迦山后有感而发创作的《洛迦山灯塔》诗文中的句子。2022年，当宁波航标处宣传人员联系白马时，一报诗名，他便不假思索脱口而出："是我写的，我当过水兵，对大海有着特别深的感情。航标灯塔就如这首诗的结尾所描述的，是海的眼睛，夜的耳朵。"

"彼岸难于即，茫茫在望中。洛迦金光闪，心定佛灯红。"这首《五绝·赞洛迦灯塔》是新中国第一代航标技术专家李汶于2003年8月考察洛迦山灯塔后写下的五言绝句诗。这位长期从事航标建设管理、足迹踏遍祖国水域的老人以平易的亲和力和渊博的学识，很快就与灯塔工们打成一片，并在计算机前留下了弥足珍贵的一幕。画面中的李汶面带微笑，右手按着鼠标，左臂挥动着，周围的灯塔工们一块盯着屏幕聊着什么，而桌上的笔、计算机应用教材和纸上加粗描写的国际航标协会的英文缩写"IALA"已然告诉了我们答案。虽然身在孤岛，但学习进步是人生永恒的主题。

图 26-1 新中国第一代航标技术专家李汶 2003 年 8 月考察洛迦山灯塔时与灯塔工热情交流（供图：许文韬）

图 26-2 许云展（图左）时隔 29 年再回灯塔，与第二任灯塔长乐康儿重逢（供图：许文韬）

图 26-3 2021 年 6 月，首批两名志愿者登塔开启灯塔志愿服务活动（供图：许文韬）

图 26-4 获赠锦旗（供图：许文韬）

图 26-5 救助遇险渔民的夫妻灯塔工金伟章、陈海飞（供图：许文韬）

　　宁波航标处2018级"小海豹"韦荣韬入职之初便到洛迦山灯塔体验锻炼。他说，在与灯塔工朝夕相处的6天时间里，感触最深的就是与老师傅一起做泥水匠，修补由海岛地质和雨水冲刷等原因导致的场地水泥接合面上出现的空鼓和缺损。他在一茬茬前辈留下的层层修补痕迹中真切体会到了什么是坚守和传承。他也以每日一首的速度创作出《洛迦杂诗》六首。2017年，欢送第三任灯塔长周国富光荣退休时，作为他的党小组长，我创作出叙事诗《时间都去哪了》，深情回顾了周国富的职业生涯和心路历程。后来，在全处演讲比赛上，这首诗也引发了在场观众的热烈共鸣。

2019年11月，于20世纪80年代初海上干线公用航标"由军转民"后担任首任洛迦山灯塔灯塔长的老兵——许云展从辽宁专程而来，此行是他29年前调往辽宁工作后首次回到第二故乡，回到灯塔。当他一字一句念着灯塔陈列室墙上的《洛迦山灯塔》诗文，并与第二任灯塔长乐康儿在现场拥抱合影时，不禁泪湿眼眶，感慨万千。光荣的文字，熟悉的人。他变了，他没变。

有人赋诗；有人自远方来，只为洛迦山灯塔；有人立下从事志愿服务的铮铮诺言，还是为了这座塔。2021年6月，灯塔志愿者服务活动在洛迦山灯塔启动。首批志愿者中，曾经的远洋航海者以诗一般的语言深情表白：以前在船上看灯塔，接受航保服务；现在从灯塔这看船舶，"履行"航保服务。在洛迦山这座海上卧佛的眼睛处凝思，交换身份沉浸式体验社会公益事业的感悟愈发强烈。

毫无疑问，这是一座饱含温情诗歌气质的有故事的灯塔。这份气质来自与普陀山隔海相望、近在咫尺的地理环境，更来自百年来一代又一代守塔人的默默灌溉。舟山市慈善总会同心互联网分会向灯塔赠送了"黑夜中领航者宁波航标处，洛迦山灯塔守护永恒之光"字样的锦旗，正是对洛迦山灯塔精神最好的注解。

"洛迦灯火"是普陀山十二景之一。1988年5月1日，洛迦山灯塔正式对外开放，成为"海天佛国"胜景，是十二景中唯一的人工建筑和近代建筑，也是唯一与船只安全、渔民生命相关联的景点。宁波航标处守好"责任地"，开发"试验田"，根据人岗适配的现实需求，结合灯塔工年龄结构、家庭所在地域等特征动态调整灯塔管理模式，极力体现灵活高效、科学人文的目的。

2007年4月至2017年5月的10年间，洛迦山灯塔在华东海域首创"夫妻灯塔"管理模式，先后有三对夫妻灯塔工搭

图 26-6　2013 年 7 月，全国第九个航海日到来之际，洛迦山灯塔
　　　　　全国重点文物保护单位标志碑正式揭碑（供图：许文韬）

班上塔工作，原先清一色的男人世界有了女性的气息，夜间
灯塔射出的光芒也仿佛变得诗意。其间也留下诸多"灯塔夫
妻"将灯塔精神发扬光大的故事。2010 年 4 月 6 日夜，金伟
章、陈海飞夫妻顶着大风救助在洛迦山以北水域触礁遇险的
渔民，安抚其情绪，提供食物和保暖衣物寝具，为脚部受伤

的人员止血，指引接应船在复杂海况下靠泊码头，事迹被新闻媒体广为报道。

2019年春节期间，《舟山日报》报道记录了第四任灯塔长金伟章退休前在春节值守的最后一班岗。女儿一家特意赶来见证，并于大年初一用镜头定格了他制服齐整、庄严在灯塔顶端平台升起国旗的情景。女儿说，爸爸对灯塔的感情令她动容，她骄傲地在朋友圈展示了这一时刻。是啊，在这样一个充满温情的集体工作生活，要离开了，换了谁都会留恋，都会不舍，都会在今后的日子中魂牵梦绕吧。

随着全国重点文物保护单位、灯塔志愿者服务项目、灯塔廉政教育基地、党员践悟示范基地的揭牌，以及开通市电、配备多功能航标等工作的落地，洛迦山灯塔围绕"海上公共服务综合体""海上文明阵地"两大品牌的建设成效初显。

"你不只是航标，更是圣山的代言。百年不曾改变容颜，但更能见证你的诚意和无畏"，谨以摘录中学高级教师徐豪壮发表在《舟山晚报》的同名《洛迦山灯塔》中的几句作为这篇以诗为媒的洛迦山灯塔故事的结尾。该诗作灵感来自作者亲身登塔感悟及同事金伟章的女儿金加银对于父亲守塔生涯的讲述。灯塔故事，已扎入人心，灯塔的温情诗歌气质，也将在人与社会、人与灯塔、人与人之间绵延永续。

洛迦山灯塔与千年"海上诗路"

张　乐

　　洛迦山，为"海中悬岛，在普陀洛迦山东南。凡朝山礼佛者，必兼谒是山"（《普陀洛迦新志·形胜》），见证了千年"海上诗路"与"万国梯航"的盛况。

　　初唐四杰之一的王勃在《观音大士神歌赞》中曾这样描绘普陀山和洛迦山："南海海深幽绝处，碧绀嵯峨连水府。号名七宝恪迦山，自在观音于彼住。"为何会称舟山为南海呢，这还得追溯到秦朝，《史记·秦始皇本纪》中就有"上会稽，祭大禹，望于南海"的记载；可能对位于长安的中央朝廷而言，舟山已然是版图的南边了。

　　随着日本一批批遣唐使的到来、历代文人骚客的流连和精英士大夫的牧守，舟山"海上诗路"的风帆愈扬愈劲。据不完全统计，从明代万历年间（1573—1620）到清代，即有以《洛伽灯火》为题的同名诗文7篇。宋代徐兢的《宣和奉使高丽图经》和张邦基的《墨庄漫录》中对于洛迦山的香火盛况也有记载。明代屠玉衡也在《题补陀》中这样写道："千秋香火真如地，万国梯航大士家"。元代盛熙明在《补陀洛迦山传》中记载："海东诸夷，如三韩、日本、扶桑、阿黎、占城、渤海，数百国雄商巨舶，由此取道放洋。"可见，当年的普陀山和洛迦山，已然不仅仅是海天佛国，更是海上商贸的重要通道；至今，普陀山上仍留有新罗礁、高丽道头遗址，成为"海上丝绸之路"的重要见证和实体遗存。到了清代，施世骠在他的《游洛迦山诗》中更是把当年的海上佛国与贸易往来描述得淋漓尽致，所谓"洛迦幽胜迥浮埃，

图26-7 仰视镜头下的灯塔与同样有百年历史的附属用房（供图：许文韬）

图26-8 1985年10月13日，洛迦山灯塔外观涂色由全白改为红白横纹，此为改色前的洛迦山灯塔（供图：许文韬）

公暇探奇鼓棹来。万国风行鲸浪息，千岩云敛宝幢开"。据康熙《定海县志》记载，康熙二十四年至六十二年（1685—1723）的38年间，从中国东南沿海经过舟山航道开往日本长崎的舟山商船计97艘，宁波船423艘，温州船25艘，浙省合计545艘；另外还有闽省571艘，粤省169艘；东南三省共计约1285艘。正所谓"万国风行"，海上贸易盛况如在眼前。

洛迦山的文脉赓续千年，到了现代，新中国第一代航标技术专家李汶、普通的航标工作者等业内人士都纷纷以诗文为媒竭力传播洛迦山灯塔及其背后的灯塔文化。洛迦山灯塔与"海上诗路"的千年情缘还将在这一片碧波荡漾中持续生发，蓬勃生长。

东亭山灯塔

塔高
9米

灯高
55米

值守情况
无人值守

管理权属
东海航海保障中心宁波航标处

地理位置
浙江省舟山市沈家门东偏南15.6海里的东亭山顶

塔身构造
钢质结构

历史沿革
始建于1907年，1937年改建，1997年实施无人化改造，建有直升机停机坪。

灯器参数
NVR-L122型灯器，灯质为闪白10秒，射程约20海里。

服务范围
是南北及外洋大、中型船舶进入虾峙门航道驶入舟山、宁波两港的门户标，也是我国海上南北航运干线上的重要助航标志。

东亭山灯塔
东亭山的春天

◎ 孔泉福

> 原来，东亭山的春天就是那黑夜里的航标灯，更是那清苦、自强、默默奉献的灯塔工啊！

东亭山灯塔位于浙江省舟山市沈家门东偏南约30公里的孤岛上，清光绪十二年（1886）落成。其地理位置险要，是世界各国大型、超大型船舶进入虾峙门航道的必经之路，是靠泊宁波、舟山港的一盏门灯，也是我国南北海运干线的一座重要助航标志。她还是一级灯塔，晚间灯光射程达38公里。

1988年底，我从外地调入镇海航标处工作。翌年开春，便去航标处所辖的东亭山灯塔出差。

上岛途中有惊无险

去前我就听同事说，东亭山灯塔周边环境较差且长年受台风、海啸、雷暴的侵袭。每月补给一次，要登上却很难，遇上恶劣天气，两三个月也无法登上码头。

那天清晨，我从沈家门乘小船去东亭山，随船有几位灯塔工，船上还装有工作和生活用的补给物资。东亭山灯塔无常住居民，灯塔工上山后要工作、生活十余天才下山，补给的物资必不可少。它涉及航标灯的正常运行，维系职工的基本生活，因此弥足珍贵。

　　一路寒风瑟瑟，机帆船大幅摇晃，时而有浪花溅在身上，我一边呕吐着，一边双手紧紧抓住船梁，生怕一不小心翻入海中。而年轻的灯塔工却十分淡定，他们一手握住船舷，一手扶着我，教我怎么应对。有他们壮胆，我的恐惧感才慢慢缓解。

　　经过几个小时的颠簸，小船渐渐靠近东亭山，此时风浪更大。当机帆船离码头还有20余米时，船老大果断用船头向码头靠过去。站在船上的工人顺势将物资抛向岸上，而岛上

图 27-1　航拍东亭山（供图：许文韬）

的工人则快速接应。由于风浪大，船一次又一次被浪冲开。船老大则一次又一次驾船冲向码头。几经往返，人和物资才终于都上了岛。当然，我是被他们强拉上去的，当我暗暗庆幸有惊无险时，工人们已经将物资挑上了山。

站在码头，眼前情景让人甚觉荒凉。小岛孤立海中，毫无屏障；沿途山路，岩石赤裸；植被稀疏，仅几根枯萎的小草；半山腰由女儿墙围起的房舍和山顶耸立的灯塔装饰，似古堡；耳边风声萧萧，更增了几分寂寥。

"塔人"生活单调艰苦

那时候，东亭山灯塔有职工8人。灯塔主任老冯是个近50岁的山东汉

图 27-2　二十世纪二十年代东亭山灯站引擎室（供图：许文韬）

子。他把职工分成两组，让他们轮流上岛并负责他们的工作和生活。老冯个子不高，皮肤黝黑。他讲话声音很轻，和蔼可亲，20多年的"塔人"生涯，铸成了他坚毅和沉稳的性格。

　　岛上几天的工作和生活，让我深感灯塔主任工作的累和杂。这里是0.03平方公里的孤岛，远离大陆，远离上级单位，然而，当清晨海边刚露出霞光，老冯做的第一件事便是升国旗。然后，才开始一天的工作：他先是在灯塔的内外走走，到机房看看，检查各种紧急备用的设备，再去小伙房安排好职工一天的伙食。

　　到了晚上，灯塔开始发光了，老冯和职工一样要轮班"守灯"。

　　那次上岛，我们带去的是一套遥测设备。成功安装后，可在异地观察东亭山灯塔的工作状况。但由于孤岛环境恶劣，即使是进口设备，在陆上初试很好，上岛安装后，也因"水土不服"，很快就无法使用了。考虑到各种因素，上级把这次遥测试验的任务放在了东亭山。

　　船舶如何识别灯塔呢？白天要看塔身的颜色和形状。晚上则看灯的灯质，例如闪光的周期和光的颜色等。这在各国海图中都有统一的标注。船长以航标为参数设定船的航路、航向。当远航归来的海员看到灯塔时，更显兴奋：回家的感觉真好。

　　以后几年，我多次去东亭山。在晴空下的傍晚，老冯和我坐在礁石上，看灯塔束束强光射向远方，见巨轮艘艘来去港口。此时老冯的心情最舒坦了，他吸了口烟聊起了家庭和工作。他说当台风过境时，巨浪冲向房舍和灯塔，建筑损坏，海水进入水池。几天过后，储备食品吃光了，为了生存，他和职工们就抓老鼠吃。有一次上岛，因风浪大无法回去，几天后食物吃完了，老冯就和大家一起抓老鼠吃，真的是叫饥不择食。

　　夏天轰轰巨响的落地雷会在屋里乱窜，人和设备都很危险。遇狂风暴雨，人晚上去灯塔得爬着前行，否则会被风吹走。更具传奇色彩的是，早年老冯妻子上灯塔探亲，适遇分娩，由他自己接生。讲者自然，听者惊恐，我对灯塔工的敬仰之情又更添几分。

图 27-3　远眺东亭山（供图：许文韬）

在东亭山找春天

　　早春的镇海，柳树发芽，梅花、迎春花含苞欲绽。这些春的气息，给人以遐想和期盼。然而，东亭山的春天在哪里？我久久地寻觅和思索，却一直没有答案。以后去多了，我学会了乘小船、跳船帮，学会了扛物资上下山，和灯塔工也交上了朋友，慢慢寻到了东亭山的春天。

　　灯塔工，全国人数极少。多年前，有人称他们为"海和尚"：他们从青年到老年，一生默默守望着与世隔绝的孤灯。其实灯塔工不但守灯，还救人。许多年来，他们还救过无数遭遇海难的船员，只是鲜为人知罢了。

　　1998年春天，根据上级规划，我参加了东亭山灯塔的无人化改造设计。当年施工，第二年竣工验收。现在，东亭山灯塔已无人值守。由于科技进步，灯塔运行比较稳定。

　　后来，老冯和我相继退休，但我并未减少对东亭山的关注。

据1996年底的统计，在不到两年的时间里，经过东亭山灯塔的10万吨级以上船舶达193艘，其中有靠泊北仑码头、30万吨级的"大凤凰"号和靠泊岙山码头、32万吨级的"兰姆帕斯"号。

2000年，经东亭山灯塔进入虾峙门航道的船舶达8500艘。

近两年，全球最大的集装箱船"达飞·马可波罗"和"美杰马士基"轮，经东亭山灯塔先后首航宁波港……

2013年5月，东亭山灯塔作为"浙东沿海灯塔群"的一员，跻身全国第七批重点文物保护单位。

老冯和我有过约定，有机会再去一次东亭山，可惜他已离世。

我终于找到了东亭山的春天！原来，东亭山的春天就是那黑夜里的航标灯，更是那清苦、自强、默默奉献的灯塔工啊！

 塔高

14.3米

 管理权属

东海航海保障中心
宁波航标处

 服务范围

是上海经白节峡往
来南方及东南亚各
国船只的主要导航
设施之一。

白节山灯塔

灯高

75米

值守情况

有人值守

地理位置

浙江省舟山市嵊泗县马关白节岛南端

塔身构造

铸铁混凝土结构

历史沿革

1883年由英国人建造；1927年交由华籍职员管理；1937年被日本占领；1945年日本投降后，由国民政府接管；1950年嵊泗解放，由交通部管理；1969年实行军管；1980年移交上海航道局管理。现由宁波航标处管理。

灯器参数

灯质为红白两色光，每60秒交替发光一次，射程22海里。

白节山灯塔

灯 娇

◎ 钱元成

> 好！我们的孩子，我们灯塔人的孩子就叫灯娇！

　　掐指一算，灯娇今年也该是亭亭玉立、一十有九的大姑娘了吧。她出生在灯塔，出生在我们的白节山灯塔，是我们灯塔人的骄傲！

　　19年前的一个秋天，黎明时分，水天线开始由白渐亮变红并慢慢扩散开来，顷刻又聚成一团火，一团熊熊燃烧的火，沸腾了大海，烧红了云。挂好灯塔灯笼上的最后一幅闭光窗帘，方志平走出灯塔，习惯性地朝东方望了望。一只海鸥披戴着万道霞光，正朝着白节山这边飞来，不断变换着姿态，分外美丽动人。

　　前两天有人捎信说爱妻已到了嵊泗，暂住于嵊泗县城姨娘家中，这对方志平来说无疑是件好事，这心也就放下一些。因为，爱妻预产期快到了，如果再不住到嵊泗来，只怕到时遇到大风就出不了门，家住的小岛上又没有接生的医生。

　　嵊泗是浙江省舟山群岛最北面较大的海岛（县城就设在岛上的菜园镇），岛上风光秀丽，海滩金黄，被称为上海人的后花园。从嵊泗岛的马关镇乘小包船去白节山大约需要40分钟。

　　头天晚些时候，方志平的爱妻小李遇见同在白节灯塔工作的一位职工家属，说是次日要乘包船去白节灯塔，于是计上心头。第二天天一亮，看看树静烟直，气爽秋高，小李便辞别姨娘，早早地登上去白节灯塔的包船。

图 28-1　白节山灯塔（供图：许文韬）

听说包船要来，大伙心里可高兴了，刚吃过早饭就时不时地有人到门口去瞭望。九点未到，小包船刚刚从山后露出头来，就被灯塔上的职工发现，大家欢呼雀跃，连蹦带跳一窝蜂似的向山下码头冲去……看见包船来了，就像是过大年一样，老叶（全国劳模叶中央）心里说着，嘴角却挂满了笑。

一路呼喊着来到码头，方志平一下子怔住了，一旁的小顾也认出船上那位大肚子，冲着方志平大喊"阿米尔，冲"（《冰山上的来客》电影中的著名台词），"冲"字尚未出口，就被老李掐了回去。只见老李一手拎着小顾耳朵，没好气地说："你嚷什么呀，还不去船上搬东西。"转头又笑眯眯对方志平说："小方快去把小李扶上来，小心点，上山慢慢走。"

要说这小方，他能不发愣吗，再有十来天孩子就要出生了，这么折腾，要有个三长两短该怎么办，灯塔上又没有医院，电话也没有。

听说塔上来了大肚子，老叶也是吃惊不小，赶紧叫小顾去码头告诉船老大，下午晚点开船，然后，老叶去小方住处探望小两口，顺便了解情况，见小李身体尚佳，也就放下心来。

日落时分，白节灯塔开始发射出红白相间的光芒，洋面上巨轮驶过掀起浪花千重，在晚霞和灯塔光芒的映照下，斑斓五彩，柔情万顷。海鸥在灯塔上空盘旋，点缀着这美妙时刻。

世上还真就有那么巧的事，你怕什么，他就来什么。

这不，晚上9点来钟，小李跟小方说肚子有点痛，起初以为是累了，也没太在意。但随着时间的流逝，小李的肚子越来越痛，小方吓坏了，赶紧去找老叶。老叶过来问了问情况，估计是要生了，于是马上冲到值班室，用高频电话向镇海航标区报告，请求立即派船接医生增援。

航标区值班员接到请示也不敢怠慢，马上向区主任乔德怀和书记钱曾兴汇报了情况。人命关天，两位领导先后赶到单位，决定立即请单位朱银华医生来值班室指导，指示值班员尽快与嵊泗取得联系，组织医生和船赶赴白节灯塔。

到了晚上9:40左右，朱医生就位于区值班室，他接过电话仔细问询了产妇和灯塔备用药品的情况后，告诉叶中央尽快把产妇转移到离值班室最近的地方，注意室内卫生，多烧些开水。然后，又指导他们对灯塔配备的医用手术剪刀等器具进行消毒，并准备好消毒和止血用药。他又要求产妇室与灯塔值班室安排专人传话，随时向区值班室报告产妇的情况。

乔主任还特别强调："通知其他灯塔，没有特别重大的事，不准使用高频电话，要保证白节灯塔与区里的通讯畅通（那时大多数灯塔与区里联系都要经白节灯塔来传达）。"

如此，一条由原始传声与现代文明组合的安全生命线就完美地搭建起来了。

10点刚过，白节山灯塔报告：产妇腹痛加剧，羊水破了，看到头了，头出来了，小孩全出来了……

这边区值班室朱医生沉着应对，发出相应指令：稳住产妇，调整好产妇姿势，鼓励产妇用力配合，剪断脐带……

"哇——哇——"，一阵婴儿清脆的哭声穿透产房向四周荡漾开去，搭乘高频无线电波传到很远很远的海的那边——镇海航标区（嵊泗小包船因尚未启航，就改在第二天去灯塔接人）。

一切处理完毕，已近午夜时分，尽管大家都很累，但并无睡意，都聚集在值班室回味着刚才的一幕幕。突然有人提出要给孩子取名，这下就更热闹了，你一言我一语，有取海燕的，也有取海鸥的，甚至还有取海礁的……最后还是老叶集中了大家的意见，提议取名为海娇（骄），意为：灯塔因海而生，灯塔人因守灯而自豪，今天灯塔人又用原始的传声与现代文明的高频无线电话相结合迎来新的生命，而且是我们灯塔人亲手接生的孩子，是我们的骄傲，因此取名为灯骄，考虑到孩子的性别，最后取名为灯娇。

好！我们的孩子，我们灯塔人的孩子就叫灯娇！

灯塔的光源

灯塔的光源主要有白炽灯、金属卤素灯和金属卤化物灯等，使用大功率高光强光源。为了产生灯器的闪光灯质，采用旋转灯器来实现。为防止安装的灯泡因灯丝熔断导致熄灯的状况，在所有灯塔中都装备了有备用灯泡的换灯泡器。

车牛山灯塔

塔高

22米

塔身构造

圆柱形钢筋混凝土结构

灯器参数

主灯采用TRB-400大型旋转灯器，射程24海里；备灯为ML-300灯器，射程15海里，灯质为闪白12秒。

管理权属

东海航海保障中心连云港航标处

地理位置

江苏省连云港市黄海海州湾内的车牛山岛上

服务范围

是我国南北干线航道和连云港港口非常重要的标志。

灯高

87.3米

值守情况

有人值守

历史沿革

始建于1936年；为提高灯塔效能，1987年交通部投资9.8万元在原址重建塔身，当年12月28日正式通告发光，并举行盛大的开灯典礼。

车牛山灯塔

"勿入"风波

◎ 董 雪

灯塔就是我们航海人的眼睛，出海回来，只要看到灯塔，心里面别提有多亮堂了。

车牛山岛，碧波涤荡，成群鲈鱼低头可见，一条船缓缓靠近，荡起一圈圈涟漪，海风劲掠，吹得船头蓝色的旗子猎猎作响。

一声低吼，一只壮硕的狼狗从岛上俯冲下来，后面跟着位年轻的士官一路小跑，厉声喝道："你们什么人，来岛上干什么，上岛需要提前报备！"

"同志，我们是连云港航标处的，灯塔的发电机出了点故障……"连云航标管理站的倪超赶忙解释道。"没有报备，一律不能上岛！"年轻的士官依旧斩钉截铁地回复。就在这时，船上一位个头不高、满脸黝黑，被海风吹满褶皱的男人缓缓开口："小战士，以前我没见过你，是新来的吧，你可能不清楚，你们这两家单位可算是老熟人，人家的人还救过你们人的命呢。"

说话的是"栋发988"的船长王世栋，他点燃一支烟，仰起头，看向车牛山灯塔的方向，吐出一个烟圈，轻声咳嗽起来，陷入回忆里。

　　"那是1989年的冬天，连云港正值寒流过境，刮大东北风，车牛山岛上年轻的驻岛战士晚饭过后突发阑尾炎，从悬崖上摔了下去，头部受伤严重，不省人事。陆军驻岛部队联系到连云港航标处值班室请求支援。大伙有点犹豫，当时海上风力将近七级，以前的船抗浪性哪能有现在这么好，何况还要夜航呢。

　　"虽然担心安全问题，但是人命关天呐。当时连云港航标处的航测17号晚上9点多出发，船长是苏小龙，驾驶员是金小男、张炳恒，随船出发的还有胡顺东医生，一路上可谓大浪滔滔，连熟悉水性的胡医生都晕船了，一行人在海上的大风大浪中颠簸了22海里，夜航4个多小时，终于在半夜时分赶到了岛上。当时的风浪实在太大，大伙好不容易在岛的南侧找了个背风的靠泊点，把受伤的战士抬下了岛，一刻不敢耽搁，马上返航，等把小战士送到一四九医院，天都蒙蒙

图29-1　船舶驶近车牛山（摄影：谷体良）

亮了。我还记得那位小伙子是安徽人，你可以回去打听打听是不是有这么回事？"

　　旁边的倪超忍不住插话："王船长，你咋这么清楚呢？""车牛山岛的码头水深不够，我的栋发988就是当时航测17号的过驳船。"

　　就在这时，一位年长的战士从岛上下来，只见他和老王握了握手，招呼道："老王他们早就报备过了，况且灯塔不亮会严重影响船舶的航行安全。"容不得再耽搁，倪超一行已背上工具包从船上一跃而下，匆匆向岛上赶去。

图 29-2　连云港航标处航标员准备登岛（摄影：王永涛）

　　"灯塔就是我们航海人的眼睛，出海回来，只要看到灯塔，心里面别提有多亮堂了。年轻的时候，每次出海打渔，只要看到车牛山灯塔，就知道离连云港不远了，也就是到家了，我们对灯塔的亲是没跑过船的人理解不了的。"老王在旁喃喃自语道。

　　空气中弥漫着沉默的气息，小战士把狼狗往自己身边扯了扯，凑过火机，帮老王续上一根香烟，两人抬头望去，晚霞已经褪去，车牛山灯塔刺开夜幕，发出了第一束光。

达山岛灯塔

 灯高
56米

 塔高
11米

值守情况
无人值守

 地理位置
江苏省连云港市黄海海州湾内的达山岛上

 管理权属
东海航海保障中心连云港航标处

 塔身构造
圆柱形混凝土结构

 历史沿革
自2007年8月13日开始建造，至2007年12月20日建成发光。

 服务范围
服务南北主干线和进出连云港港的船舶

灯器参数
主灯采用美国泰兰TRB-220型灯器，射程15海里；备用灯为ML-300，射程8海里。

达山岛灯塔

父亲的"哲学"

◎ 陈 磊

> 人的一生充满变数，我也不例外，但万变中我唯一可以确定的不变就是——我想当一名航标工。

人的一生充满变数，我也不例外，但万变中唯一可以确定的不变就是——我想当一名航标工。

当周边的同龄人在纠结是靠着"一技之长"创业还是凭着专业知识就业时，我正一如既往地啃着要成为一名航标工应该掌握的书籍。了解我家庭的人都会问我："你想进航标工作，是不是受你父亲影响，想'子承父业'？"受父亲影响是真的，但"子承父业"属实不敢当，更何况父亲只是在车牛山灯塔上守了四年。

打我有记忆起，父亲得空总会带着我去看灯塔，他工作过的车牛山灯塔是去过次数最多的，其次就是达山岛灯塔，因为就在旁边，坐船不到半小时。也许真的有"命中注定"这一说，如今的我真的成为一名航标工，经常维护的灯塔就是达山岛灯塔。

"荒岛野外，没有人管你，只有你自己管理你自己。还有就是机器在监督你，在考核你。一步不到，机器知道。"

"技术是安身立命的手艺活儿，责任是取得成绩的保证金，奉献是长期不懈的原动力。扛得住艰难，耐得住寂寞，才能守好灯塔。"

"守灯塔是神圣的使命，维护灯塔也是。我们是中国海事航保队伍的一分子，我们的灯塔行业精神是'燃烧自己、照亮别人'。"

……

这是父亲传授给我的航标人工作"哲学"，算起来，父亲应该是连云港第一代守塔人。现在岛上的条件好太多了，不再用柴油发电机了，而是用更加环保的太阳能和风能。科技不断发展，先进导航仪器陆续出现，传统灯塔的引航功能不可避免地弱化。于是，在正儿八经参加维护工作前，我时常在怀疑父亲的"哲学"已经过时。

实践才能出真知。那是我第一次以航标工身份前往达山岛维护灯塔。从连云港航标基地出发，坐船最快也要3个小时，若碰上大风大浪至少四小时。我不晕船，前辈说这一点就已

图30-1　航标工用镰刀、锯子斩出一条巡检路（摄影：董雪）

经击败了五成的困难。船靠泊达山岛的那一刻，我不自觉感到亲切，因为这是我从小就来过的地方，然而，因为正值夏季，"欢迎"我们的还有蚊群。是的，不是一只、两只蚊子，也不是一阵、两阵蚊子，而是一群又一群、肉眼可见的"黑色大军"，其所到之处无不伴随着强劲的嗡鸣声。

站在山脚下向上眺望，达山岛灯塔好似就在不远处，但真向着灯塔行进时，才发现这路有多远。自从连云港灯塔相继安装 AIS（船舶自动识别系统）配套设备，除了定期维护外，航标工都通过网络实时监测各个灯塔状况，所以通往达山岛灯塔的路至今也没修成。在前辈们的带领下，我们开始了"丛林探险"。人手一把镰刀，开路又防蛇，每人一身长衣长裤，防刮又护身。一米多高的野草、忽然乱入的半截树枝、时不时从灌木

丛中飞出的不知名生物，这一路走得人提心吊胆。

"过五关，斩六将"，终于，一座外形似杠铃的红白灯塔映入眼帘。在没有干维护之前，由于父亲的亲身指导加上我的幻想，我一度以为这活充满艰辛，但真正动起手来，一切好似水到渠成。也许是有前辈的加持，又或许是当时的我"初生牛犊不怕虎"，总想把先前积攒的知识一股脑派上用场，总之，父亲的那一套"哲学"似乎真应验了。

夜幕降临，达山岛灯塔的光又准时亮了起来，路过小岛的船只纷纷鸣起了笛声以示敬意。带着一身的"蚊子包"，我们也踏上归途。回去的路上，我迫不及待地给父亲分享心得：人如灯塔，虽千姿百态，但内"芯"的光亘古不变，只要努力发光，世界就会明亮。

图30-2　达山岛航拍（摄影：王永涛）

灯塔的灯器

灯塔的灯器一般是大型灯器，其透镜直径一般在500毫米以上，它主要由灯笼、透镜、光源和回转机构组成。灯笼一般是圆筒形的，必须具有防水、抗风和散热功能。透镜有鼓形透镜和牛眼透镜两种。

大丰灯塔

 塔高

40米

 历史沿革

灯塔于2001年12月1日开工，2002年11月8日竣工发光。

 地理位置

江苏省盐城市大丰区大丰港经济开发区大丰港码头一、二期引堤结合处

 灯高

44.3米

 管理权属

东海航海保障中心连云港航标处

 塔身构造

圆柱形钢筋混凝土结构

 值守情况

无人值守

 服务范围

大丰灯塔同时兼作大丰港海防民兵一类哨所，守卫着一线海堤7公里，担负着15公里的滩涂海岸线的警戒任务。

 **灯器参数**

主灯采用TRB-400型灯器，射程18海里；备用灯为ML-300，射程8海里，灯质为闪（3）白20秒。

大丰灯塔

灯塔里的回忆

◎ 李 升

曾几何时，他们也是年轻力壮的小伙子，而今多年风浪却在他们两鬓添了些许白丝。岁月催人老，但他们为航标事业尽心尽责、无私奉献的光却未曾熄灭。

对常人来说，大丰只不过是黄海之滨的一座小城，但她却拥有"港城之都"的美誉，因为国家一类口岸大丰港就坐落在这里。大丰港是连接上海港和连云港之间的中心港口，被称为苏中地区出海的大通道。斗转星移，随着大丰港的不断发展，世界各地来往的船舶越来越密集，为了保障港口附近船舶航行安全，大丰灯塔应势拔地而起，成为大丰港口最醒目的标志性建筑。

提起大丰灯塔，已经退休的连云港航标处大丰航标管理站的老站长吴殿兴眼里便满是自豪，时长不由自主地回忆起曾经在灯塔里的点点滴滴。

记得那是一年寒冬，气温直逼零下五摄氏度，瑟瑟的寒风在小小的航标管理站里肆意地刮着，高空明月之下，光秃秃的树影来回摇晃。突然，航标业务值班室一阵急促的电话铃声打破了沉寂的黑夜，值班的吴殿兴赶紧接起电话："你好，这里是大丰航标管理站，请问有什么事情？"电话那头似乎信号不好，嘈杂的声音很难听清每一个字，但工作经验丰富的吴殿兴还是从里面听到"大丰灯塔"这关键的四个字。电话挂断之后，吴殿兴赶紧跟一起值班的张志良打电话交代道："刚刚接到电话，大丰灯塔那边可能出状况了，你赶紧准备一下车辆，我这边收拾好工具，咱俩一起去现场检查一下。"

话音刚落，两人立刻分头准备了起来，碰头后径直赶往大丰灯塔。吴殿兴猜测说："刚刚的电话估计是海上打来的，断断续续的，我感觉可能是大丰灯塔那边的灯出问题了。"张志良回应道："这大晚上乌漆嘛黑的，十有八九真可能是灯灭了，不然不会想到给我们打电话。但这灯可不兴灭啊，来来往往的船得靠这确认方向啊！"

眼看就要到大丰灯塔了，远处果不其然是黑漆漆一片。两人将车停在灯塔下面，拿着准备好的工具包三步并作两步来到灯塔最上面。还没等喘口气，两人就开始逐一检查问题所在。张志良分析说："上次巡检灯器那边我确认过没什么问题，我觉得应该是电源线路出问题。"于是两人在辅助灯光下逐一检查每一条通往灯器的线路。灯塔靠港口，海风凛冽，俩人冻得一边发抖，一边来回搓手。不知过了多久，只听见吴殿兴激动地喊道："找到了！找到了！志良你看，是这条线的问题，这条线是主灯的电源线，藏在底下的这一部分接头时间长松掉了。"张志良赶忙回复："那我去上面，看看把这条线路接上大灯亮不亮！"一会儿工夫，灯笼里的张志良欣喜地喊道："亮了！亮了！灯器转动也正常！"

问题解决了，两人终于松了一口气，收拾完现场后，吴殿兴并不急着催张志良返航，反而不由自主地坐在灯塔之上的光景平台上。张志良从上面下来，看到此情此景关切地问

图 31-1　连云港航标处大丰航标站站长吴殿兴（左一）维护大丰灯塔
（摄影：倪健）

道："怎么了，是身体不舒服吗？"吴殿兴笑笑说："刚刚上来的时候爬得太快了！一起坐会儿歇歇？"于是张志良也毫不遮掩，直言刚才确实跑猛了，双腿有点酸胀的感觉，于是便挨着吴殿兴坐了下来。

不似白天，远远望去，大丰灯塔形如一把火炬，红色的灯笼好似熊熊燃烧的火焰，显得格外耀眼夺目。在一轮圆月映照下，灯塔多了几分柔和，月光和灯光交织在一起时，仍格外明亮。张志良感慨道："要不是今天的紧急任务，可能还见不到这么圆这么亮的月亮，马上要过年了，你这边怎么安排的？""还能怎么安排？在站上值班呗，站里的小伙子离家都比较远，平时难得和父母家人好好团聚。我这把年纪了，在哪过不是过。"吴殿兴笑着说道，话里话外间透露出的爽直，不免让人心疼。这一点张志良是打心底里佩服的，作为航标站的前辈，也是自己的老搭档，在他的记忆里，吴殿兴总是有什么事都冲在前面，抢修灯塔是的，过年留守也是的。这一切好似天经地义般地存在。

　　欣赏着圆月，张志良像是回忆起什么，他接着说道："上次中秋节你好不容易回家过节，结果上面突然一个紧急抛设航标的任务又把你从饭桌上给喊了回来，好像那次海上的月亮比今天的还要亮！"吴殿兴听后爽朗地笑了起来，附和道："你不也是，上次去导堤灯桩作业，硬是手拿肩扛把那么多电池搬运过去，那次也是冬天吧，海水把你鞋子裤子打湿好几次，你都没说一个'不'字。"

　　就这样，两人坐在大丰灯塔上你一句我一句地回忆起对方当年执行航标作业任务时的点点滴滴，仿佛一下子又回了到年轻的时候。曾几何时，他们也是年轻力壮的小伙子，而今多年风浪在他们两鬓添了些许白丝。岁月催人老，但他们为航标事业尽心尽责、无私奉献的光却未曾熄灭。

　　如今，大丰灯塔迎来大丰航标管理站新一代的航标人，作为前辈的老站长吴殿兴还是会经常到大丰灯塔走一走看一看。每次去的时候他总会带着大家一起摸排线路故障，巡检维护设备，把大丰灯塔的里里外外打扫得井井有条。等一切都结束后，老站长还会语重心长地劝导年轻人：我们守护的不仅仅是一座灯塔，也是老一辈航标人传承下来的优良传统，更是灯塔"燃烧自己、照亮他人"的精神啊。

　　一路走来，大丰灯塔不仅见证着一代代航标人的风雨兼程和无声奉献，也见证着大丰港从开港建设的一片荒凉到向着海、陆、空、铁一体化的物流网络的世界和一流的大型现代化港口综合体迈进。不管是过去还是未来，像老站长般的航标人还会持续涌现，前赴后继，相信他们会像灯塔那般默默无闻地守护在大丰港的海路航道上，一直发光发热！

羊窝头灯塔

灯高

125.4米

管理权属

东海航海保障中心连云港航标处

灯器参数

灯质为闪（3）白20秒。主灯采用美国泰兰 TRB-400 型灯器，射程18海里；备用灯为 ML-300，射程5海里。

塔高

15.9米

塔身构造

方柱形混凝土结构

值守情况

无人值守

服务范围

服务连云港往来船舶，使得连云港港口门更加醒目。

地理位置

江苏省连云港市连云区连岛东端羊窝头灯塔山

历史沿革

始建于1936年；1957年塔身改建为高度为5.5米混凝土结构；1991年改为市电供电，并配 CCF-100 免维护电瓶6块，灯器改用 FA-251 旋转灯；1995年，羊窝头灯塔在原位重建，建成白色方形钢筋混凝土塔身。

羊窝头灯塔

大港蝶变的守望者

◎　董　雪

> 爱美之心，人皆有之，这座灯塔代表的不仅是港口，也是连云港这座城给人的第一印象。

　　花瓣似的底楼簇拥着主塔，塔身通体白色，纵向红线条是她的装饰；红色塔顶与蓝天相对，与白云相依，与青山相偎，与碧海相伴。没有一旁的灯塔铭牌提示，谁也不会料想到这座童话般的建筑竟然是位于连云港港口前方的羊窝头灯塔。

　　随着海洋文明的兴起，灯塔应运而生。尽管现代科学技术的迅猛发展，雷达应答器、DGPS 系统、AIS 船舶自动识别系统综合导航体系的建立，致使灯塔的导航作用越来越被弱化，导航价值也日益降低，但因其独立的建筑外观与美学价值，她们已然成为城市的名片、港口的象征。灯塔因其拥有的潜在历史文化价值，也成为各国游客追捧的人文地理坐标。羊窝头灯塔就是其中之一。

　　20世纪80年代的羊窝头灯塔，塔如其名，基座形似窝头。1984年，连云港市被国务院确定为首批十四个沿海开放城市之一，这是改革开放以来连云港迎来的第一个重大发展机遇。

彼时，大港亟须蝶变，灯塔等航海配套设施也期盼升级。1995年，交通部专项拨款支持羊窝头灯塔在原地址重建，由原上海海事局航标导航处商宏耀副处长担任总设计。

现连云港航标处党委书记程鑫是灯塔改建的亲历者，当时的他刚进入连云航标站工作满三年，因工作需要被派到了灯塔重建地，担任工程现场代表。那时候，山下登岛困难重重，入岛无路，满眼尽是碎石，小车根本无法通行，只有大卡车才能承受此番颠簸。如要下岛，则需徒步将近3个小时，再乘坐小渔船摆渡。行路难，如非必要返回航标处汇报，程鑫都会留在岛上。于是自当年8月起，程鑫一待就是大半年，他与施工队同吃同住，每天现场测量施工尺寸，盯住施工质量，在此期间未休过一次假。那时程鑫妻子郭秀梅正值孕期，孕吐难忍无人照拂，心中自然有些怨言，但为了支持丈夫工作，郭秀梅还是选择了理解。

岛上的日子不好过，只有在大卡车去市区的时候才能顺路带点生活用品，如若不巧赶上寒流来袭，只能受冻。到了夏天，岛上又蚊虫肆虐，住在废弃的营房中更是难捱，工友们常开玩笑，"上顿吃了炖冬瓜，下顿就吃炒冬瓜，晚上还喝冬瓜汤"，物资的匮乏与特殊的地理环境交织，日子过得可谓苦不堪言。

然而，如今回想起那段修建灯塔的日子，程鑫却倍感自豪与满足。亲身经历的灯塔建筑过程成就了他扎实的基建功底，这也使得他在参与连云港航标处的船舶和码头建

图 32-1　羊窝头灯塔全景（摄影：谷体良）

造以及大丰差分台基地等重点工程时能够确保每一项工程都得以高质量推进。亲眼见证羊窝头灯塔从废墟拔地而起成为港口口门标志，让过往的船只在辨别方向的同时，能够耳目一新拥有"视觉美"的享受。程鑫常说："爱美之心，人皆有之，这座灯塔代表的不仅是港口，也是连云港给人的第一印象。第一印象可不能坏，所以曾经为修建灯塔磨坏的三双皮鞋，'牺牲'得太值了！"

　　最初的设计是在外立面贴瓷砖，这是彼时建造灯塔的惯常做法，然而程鑫意识到，这种做法存在潜在的风险，首先瓷砖缝隙会破坏灯塔的美观度，其次，随着风吹日晒，瓷砖也容易剥落。于是经过长时间思考，程鑫写了一篇关于使用涂层亮化灯塔外立面的论文，期望通过运用新材料提高灯塔的耐用性和美观度。他的设想在日后的实践中也被反复验证，用涂层覆盖的羊窝头灯塔如今依然光彩夺目。曾有人问程鑫："只是一座简单的灯塔，有必要过度强调外形的美观吗？"程鑫却说："演变至今，灯塔的功能早已不止于导航助航，就如同康德所说，'美，是无功利的愉悦'，我希望白天航行在大海上的人们也能感受到来自异国他乡的愉悦。"或许，这也是航标人表达"浪漫"的另类方式吧！

　　矗立在港口的制高点，俯瞰而去，连云港港口尽收眼底。建成的羊窝头灯塔每天都在见证港口的发展蝶变。2022年9月17日，连云港历经十余年、投资120亿元的30万吨级航道全线开通使用，这是我国乃至世界上在海岸淤泥质浅滩建成投用的等级最高的人工深水航道，对支撑江苏沿海开发、畅通"一带一路"海上运输通道具有重要意义。现在，连云港港已面向全球开通了86条集装箱航线，串接起13条海铁联运通道及苏鲁豫皖内河港口，国际班列直达中亚地区主要站点，国内班列覆盖新亚欧大陆桥沿线主要节点城市，打造出"公铁水""海河江"多式联运品牌。

　　灯塔无言，行船如织。曾经东方大港的设想正在一步步从蓝图绘就为现实，而羊窝头灯塔作为港口的守望者，将始终在黑夜中点亮航程，为远行的人们指引方向。

北麂岛灯塔

塔高
20.5米

灯高
135.8米

值守情况
有人值守

管理权属
东海航海保障中心温州航标处

地理位置
浙江省温州市北麂列岛主峰仙人山顶

塔身构造
圆锥形混凝土结构

服务范围
为航行于东、西航路以及进出温州港的船舶提供可靠的安全保障。

历史沿革
1990年建成，2006年完成灯塔自动化改造。

灯器参数
主灯采用美国泰兰TRB-400型灯器，射程25海里，备用应急灯器为ML-300，灯质为闪(3)白20秒。

北麂山灯塔

34年守望灯塔一束光

◎ 讲述者：杜忠良
◎ 记录者：林意杰

> "人在灯亮"是我坚守的信念，"燃烧自己，照亮别人"是我不变的航标精神，"保障辖区水域安全"是我不忘的使命。大海与灯塔，就是我的"诗和远方"。

1989年，北麂山灯塔开工建造，当时刚满18岁的我成为混凝土石子搅拌工参与了灯塔建设，当时我就在想，要是能成为这座灯塔的工作人员就好了。翌年12月，北麂岛上亮起了一盏新的明灯，我也如愿以偿成为一名光荣的守塔人，从此开启了与灯塔相守相伴的时光，直到今日，也没有和灯塔分开过。

最初灯塔发电要靠柴油机，为了保证柴油机正常运转，需要有人24小时值守。当时我们灯塔工作人员的队伍庞大，班组共有8名工作人员，分两班轮流值守。到了2002年3月，灯塔的灯器和能源设备进行了改建，启用了太阳能新能源，工作人员也随之减少为4名。我的老家就在灯塔附近的立公村，随着北麂渔业资源的枯竭，岛上的年轻人大多离岛谋生，有的时候想找个人聊天，都要走到山脚下的海利村才行，来回要1个小时路程。因为这份孤独单调，我们北麂山灯塔的灯塔工招募了一批又走了一批，现在还留在灯塔里的灯塔工都是我十几年的老伙计了。

　　早晨四五点、午饭后、晚饭后，每天这三个时刻就是我的工作时间了，日常工作简单到一句话就能概括：检查仪器、记录数据、擦拭太阳能板。

　　但这看似简单的工作却并不简单。"你摸一摸这块，跟其他的不一样，它是发烫的，因为它短路了。"同事们都戏称我的双手和医生一样，只要一"把脉"，哪块电池有问题，马上就被发现。灯塔蓄电的57块太阳能电池板，我几乎每天都要清洁检查一番，让电池板后面的线盒始终保持纤尘不染。

图 33-1　北麂山灯塔发光仪式
（供图：温州航标处）

图 33-2　通往北麂山灯塔的路（摄影：王祥明）

图33-3　杜忠良正在调试柴油机（摄影：谢毓斌）

图33-4　杜忠良在清洁太阳能板（摄影：谢毓斌）

水滴石穿，知易行难。我一辈子只做了这一件事，灯亮是我的职责所在。"乌云密布，有条渔船在捕鱼，风浪大。危难时刻，渔民看到了这盏灯光，知道是灯塔的灯光，后来驶入岛屿找到了家。"渔民的反馈，让我觉得自己这34年的坚守是值得的。

海浪翻滚，风势强劲，北麂轮不时晃动，游客吐了一地。

这是每次妻子女儿来看望我时发生的场景，想到这里，我就十分心痛。

为了守护灯塔，结婚之后的20多年里，我和妻子杨圣华多半时间都是隔着茫茫大海。以前老领导也问我是否想要离开灯塔换到其他岗位，我的回答始终如一："服从组织安排，但若让我自己选，我愿意一直守在北麂。"

让我印象最深刻的是，1998年夏天的一个深夜，瑞安的家里突然给我打来电话，说堂弟被车撞了，情况危急，如果赶紧动身，也许还能见他最后一面。他是我叔叔家的儿子，是我最亲密的兄弟。然而当时守在北麂山灯塔旁的只有3个工作人员，其他人又不会维修柴油机。为保证灯塔供电时刻处于最佳状态，我只能放弃坐第2天班船回瑞安的决定，留了下来。

图 33-5　北麂岛（摄影：王珏玮）

图 33-6　志愿者回到北麂山灯塔共建志愿者林（摄影：林文伊）

这些年，我对家庭始终还是愧疚的，女儿基本上是妻子一人带大的，我很少能帮上忙，特别是女儿生病的时候，我只能在岛上干着急。也因为和女儿平时聚少离多，沟通交流少，女儿对我始终不怎么亲近。因此每次从岛上下来回到家，我都会拼命做家务，希望能多弥补一些这些年里对家庭的亏欠。

2014年，随着女儿进入高中，妻子作为外聘工加入了北麂山灯塔，成为岛上第一位女灯塔工。后来女儿曾有几次工作面试不成功的经历，她看着别人都有家长陪同参加面试，自己父母却由于在边远海岛值守灯塔而不能陪着去面试，心里有很多的委屈。终于在2022年的时候，通过换班调好档期，我们夫妻两人第一次陪着女儿参加工作面试，这果然给了女儿很大的信心，让我们自豪的是，女儿顺利考入温州市一家医院。

灯塔位于海岛上，远离大陆，与市区间往来依靠交通船，日常生活工作枯燥寂寞，而灯塔工一般是连续值班20天，休息10天。过年、台风等各种因素，交通船常会停航，对于这种短时间的孤岛生活我们已经非常适应了。

图 33-7　志愿者拍摄的北麂山灯塔照片
（摄影：周方）

图 33-8　志愿者拍摄的北麂山灯塔照片
（摄影：王建平）

　　2014年2月，为了给寂寞的灯塔带来新鲜感，也为了更好地传播坚守灯塔的正能量、缓解灯塔工招工难的问题，温州航标处在全国首开先河，公开招募北麂山灯塔值守志愿者。灯塔终于打开与外界交流的大门，我由衷感到高兴。

　　志愿者们将全国各地、各行各业的精神文化带到北麂岛，影响着我们，减轻了守塔人的孤单寂寞，他们也将坚守的灯塔精神带回到各行各业，影响着其他人。

　　空闲时，我们灯塔工经常会和志愿者们坐下来谈天说地。最让我印象深刻的是，有个志愿者问我："为什么有人会愿意生活在北麂岛上呢？他们离大陆那么远，他们为什么不搬离这里，为了教育、医疗，为了更好的收入。"我回答不上来，大概是责任和故土难离的缘故吧。

　　时间到了2020年1月23日，武汉封城，瑞安开始受到

图 33-9　从北麂山顶往下望（摄影：王珏玮）　　图 33-10　星空下的北麂山灯塔（摄影：周方）

疫情影响。岛上拉起宣传横幅，广播不断播放着疫情消息，陆续有人谈起疫情，但对生活在北麂这个"世外桃源"的大部分人来说，这些与自己没多大关系。

北麂山灯塔位于北麂岛的最高处，购物、买菜要走近半个小时到山脚下的村子里。起初，岛上各村之间来往正常，随着岛外疫情形势越发严峻，各村实行封闭管理。

从19岁成为灯塔工以来，如今52岁的我心中依旧是一个十八岁时就立志要值守灯塔的小伙儿。年复一年，日复一日，"人在灯亮"是我坚守的信念，"燃烧自己，照亮别人"是我不变的航标精神，"保障辖区水域安全"是我不忘的使命。大海与灯塔，就是我的"诗和远方"。

灯塔的附属设施

灯塔作为重要的助航标志，除配有视觉航标设备外，对地处重要水域的灯塔，还配有雾号、无线电指向标、雷达应答器、AIS 岸基台、VTS 雷达站、DGPS 基准站等其他助导航设施，以及独立的能源系统。有人值守的灯塔还需配备管理人员的工作区、生活区、娱乐区以及器材仓库。

大戢山灯塔

 塔高
24米

 灯高
92.9米

 值守情况
有人值守

 管理权属
东海航海保障中心上海航标处

 塔身构造
混凝土结构

 地理位置
长江口外东南海域，地处长江口与杭州湾的交汇处。

 **灯器参数**
主灯采用美国泰兰TRB-400灯器，射程20海里；备用应急灯器为美国泰兰ML-300。灯质为闪(2)白10秒。

 服务范围
建于大戢山之巅，凡船舶南来经白节峡、唐脑山，东来经花鸟山后，皆取道大戢山灯塔入长江口而至上海港或上行各港埠。

 历史沿革
始建于1869年，是我国最早建造的沿海灯塔之一。曾于战争中遭毁，后以钢架置灯；1958年重建圆柱形砖结构灯塔。1994年在原址上重建。

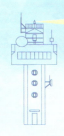

大戢山灯塔

"东方明灯"大戢山灯塔

◎ 讲述人：池才明
◎ 记录人：韩　毅

> 他们守护着这个属于大海的角落，为大海上的探险者点亮着一盏永不熄灭的明灯。

独自守护海上明灯

在辽阔的东海深处，有一座被誉为"东方明灯"的大戢山灯塔。这座位于上海自贸试验区临港新片区东海外航道的小岛地处长江口与杭州湾交汇处，南来北往的船舶皆需取道此处入港出海。1869年，大戢山灯塔应运而生，至今，这黑夜中的灯光已闪耀百年有余。

池才明是大戢山灯塔的守护者。他从小就向往着可以接近大海的工作，因此选择成为灯塔守护者。在池才明看来，灯塔是航海者笑容和希望的支柱，他期望能为过往的船只提供安全的引导。

池才明每天都身着蓝色守护服，迈着沉稳的步伐，走上高耸的灯塔。灯塔底座的墙壁上刻满年代久远的字迹，这是前辈们曾在此地默默守护的证明。薪火相传，如今这片海域到了池才明手中，由他们戍守这个属于海洋的角落。

与世隔绝的小岛生活

大戢山灯塔所在的大戢山岛离陆地非常远，几乎与外界完全隔绝。池才明每天都过着相对封闭的生活。岛上有足够的食物和水源供应，但没有各种现代的娱乐设施和相对舒适的生活条件。尽管与世隔绝，池才明却从未感到孤独和寂寞。

春去秋来，年复一年，池才明和同事们逐渐成为家人。他们共同工作，共同生活，互相关心和照顾，像极了一家人。无论是白天上班还是下班后，他们都会聚在一起吃饭，分享彼此的生活。在岛上，他们也养成了一些家庭的习惯和规矩，比如他们会等大家工作结束再一起吃饭，每逢节假日每人还要上阵烧上几道拿手菜。

图34-1　美丽大戢山　（供图：上海航标处职工）

图 34-2　池才明对灯器进行保养
（供图：上海航标处职工）

图 34-3　大戟山灯塔大门
（供图：上海航标处职工）

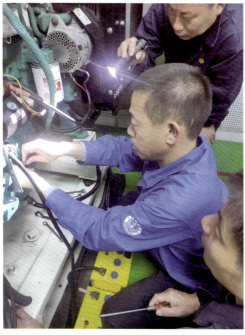

图 34-4　池才明修理设备并带
教学员（供图：上海航标处职工）

海洋的呼唤

池才明喜欢登上灯塔顶端俯瞰远方的大海，望着远处飘过的渔船和远离故乡的商船，池才明心里清楚，海洋充满未知和冒险，呼唤着他去探索更广阔的海域。

为了更好地了解海洋，池才明开始自学海洋知识，阅读各种与海洋相关的书籍和论文。通过学习，他了解到海洋中的生物多样性、海流变化等重要信息。他被海洋的神秘和浩渺所吸引，并将这些知识应用于自己的工作中。

坚持与奋进

池才明并不满足于现状，他不断地寻求自我突破和进步。他主动向前辈请教，向专业人士请教，积极利用互联网获取最新的科技信息。

随着科技的发展，灯塔设备也在不断更新和改进。池才明投入大量时间学习如何操作和维护新的设备。尽管困难重重，他从不放弃，用勤奋和智慧紧跟技术进步的步伐。

默契的团队

多年的工作经历使大戟山灯塔的守护者们形成了一支默契的队伍，他们互相扶持，共同面对海风的吹拂，共同战胜困难与挑战。无论是在工作中，还是休息和娱乐时，他们都能够感受到彼此的温暖和关怀。

图 34-5   日出中的大戟山灯塔（供图：上海航标处职工）

在岛上，每年的年夜饭和春晚是最值得期待的日子。大家一起准备丰盛的菜肴，一起庆祝节日，一起分享欢笑和感动，让人倍感温馨和幸福。

永不熄灭的灯火

池才明和他的同事们一直坚守在大戟山灯塔的岗位上。他们用始终如一的坚定和责任感，守护着灯塔，为往来航船提供安全引导。他们是这片海域的守护神，也是航海者的依靠和安全保障。

每天，当夕阳的余晖洒在大海上时，池才明都会站在灯塔顶端俯瞰远方。当看到渐行渐远的船只，他知道自己的工作又帮助无数人顺利地穿越了这片海洋。

灯塔从来不会熄灭，它代表着和池才明一样的守塔人的责任和使命。他们相信，只要有他们坚守在这里，航海者就能找到回家的路。他们将继续守护着这个属于大海的角落，为大海上的探险者点亮着一盏永不熄灭的明灯。

扫码领略灯塔风光

牛山灯塔晨曦　供图：朱明亮

塔灯合一

第四篇

新时代灯塔及价值符号的明晰、升华

进入新时代，航标管理体制再次进行重大调整，遥测遥控、北斗系统、多功能航标、大数据、智能化等新技术新手段，让航标超越肩挑人杠、指示导航的层次，技术水平更高，灯塔与其他类型的"航标灯"在功能上已经"你只有我、我中有你"，有机融入"陆海空天"一体化水上交通运输安全保障体系。灯塔精神中科技创新的特质更加显著。技术的进步，也带来工作方式的改变。通过技术升级，灯塔的艰苦条件大为改善，许多灯塔改为无人值守，以往守塔人的形象已悄然变化。随着文学、影视、媒体对航标行业的持续关注，灯塔作为行业的价值符号更加深入人心。特别是航标行业本身具有的服务功能，与志愿服务精神天然契合，涌现出具有广泛影响的志愿服务先进人物和特色品牌，使灯塔精神与志愿服务精神实现内在贯通。在新时代，科技创新和志愿服务，已然成为灯塔精神新的价值投射。

赤鼎屿灯塔

 灯高

35.07米

 塔高

18.9米

 值守情况

无人值守

 管理权属

东海航海保障中心厦门航标处

 地理位置

福建省泉州市惠安县张版镇东南海域

 塔身构造

花岗岩砌筑

 灯器参数

主灯采用美国泰兰TRB-220灯器，射程15海里；备用应急灯器为美国泰兰ML-300。灯质为闪(2)白6秒。

 历史沿革

1963年由海军在赤鼎屿上建成；1983年，经历第一次改建；2020年，原赤鼎屿灯桩撤除，在原址上新建赤鼎屿灯塔。

 服务范围

新建赤鼎屿灯塔是泉州港南北大通道内航路的关键转向点航标，为航经泉州湾水域的船舶提供定位导航、航路指引等助导航服务。

赤鼎屿灯塔
点亮海上之光
——重建赤鼎屿灯塔的艰险历程

◎ 讲述人：项鹭 郑少斌 张锦斌 陈志恒
◎ 记录人：叶华郎

<u>灯映逐梦千里行，塔唤载誉万船归。</u>

　　1963年，为军舰和商船能通过金门水道，海军在赤鼎屿上建了第一座航标。1983年，泉州港恢复对外开放，作为口门标志的赤鼎屿灯桩完成第一次改建。岁月更迭，曾经驶入古老泉州港的帆筏船队如今已变成一艘艘宏伟巨轮，为了满足大型船舶对航标助航导航的新需求，2020年，厦门航标处再次启动了赤鼎屿灯桩的改建工程。

　　项目伊始，大家便在灯塔外观设计上犯了难，什么样的灯塔外观既能更好地传承泉州悠久的航海文化，又能与古丝绸之路地位相呼应呢？为了尽快确定设计方案，项目组成员多次赴赤鼎屿实地踏勘，组织参建单位在建设地点召开碰头会，对灯塔的整体设计思路进行细化和完善。时任厦门航标处处长项鹭说："我们希望这个灯塔不仅是一个助航标志，还能成为宣传当地非物质文化遗产的推动力。"几经波折，外观设计方案终于敲定，全新的赤鼎屿灯塔将以当地的石文化特色，通过添加石飞檐元素、雕以屋瓦样式，来彰显闽南石砌

建筑特色，传递中式古塔的建筑理念，重现海上丝绸之路的
历史意象。

　　时间很快来到了2020年7月，赤鼎屿灯塔改建工程正式
开工动土。每天早上六点半，泉州港台商下安码头的第16号
泊位上，一艘满载着工匠和淡水的木船准时起航，向着依稀
朦胧的大海出发。约40分钟后，木船抛锚海中央，工匠们换
乘小艇，再向岛礁靠泊。烈日当空，岛礁上四面没有任何遮
挡，工匠们需要在这样的环境下连续工作12个小时，其间还
要克服交通不畅、电力供应不足、环境恶劣、场地狭小等众
多难题。另一边，建材准备工作同样任务繁重。从裙房到塔
身，2000多块石材，每一块都必须精工细作，一旦尺寸出现
误差，置换将非常麻烦。为确保万无一失，所有石材需要在
厂里进行预拼，确认没有任何瑕疵才能运往泊位。精心打磨
过的石材运抵岛礁后需要二次搬运。岛礁上被海水浸蚀过的

图 35-1　赤鼎屿灯塔建设前期现场实地踏勘（供图：厦门航标处）

礁石无比湿滑，正常行走已经很难了，更别提还要搬运这些石材了。工人在礁石上搭起过渡架，同时利用潮差，涨潮的时候尽可能把石头运得离岛上近一点，减少搬运的路程。就这样，在毫无交通基础设施的岛礁上，大家生生造出一条运输线，把石材搬到建设位置。

海上天气变幻莫测，为了充分保障安全，工程时不时就得喊停。从第一次勘察算起，审查开工、施工研究、石材验收、运输搭建，历时15个月，赤鼎屿灯塔主体建设终于竣工。此时距离发光仪式的日期已经很近了，但接下来还需要在灯塔上安装灯器及其他无线电设备，才能让这座全新的灯塔真正发挥效能。为了保证进度，在灯塔施工期间，泉州航标管理站已同步对待安装的18块2伏500安时蓄电池、12块40瓦的太阳能板及其他设备做好预控。灯器及附属设备安装工作随

图35-2　使用木船运输钢筋、淡水等建设材料（供图：厦门航标处）

即启动。好在泉州站航标组长陈志恒、养护中心李成明等人经验丰富，安装工作紧张但有序地进行，灯塔主副灯器，雷达应答器和北斗外置终端等无线电设备安装很快完成。经过技术测定，全新赤鼎屿灯塔的视觉显性、雷达应答器工作情况、灯器发光射程等参数均达到设计预期。到这一刻，赤鼎屿灯塔改建工程才算圆满画上句号。

灯塔的材料

从计划建造灯塔时起，就要根据建设地点的选址条件、经济性等，考虑在灯塔和附属建筑中选择使用各种材料，包括砖、石、铸铁、混凝土等，中国早期民间建造的灯塔主要以砖、石为材料，近代以后，由于引进了西方的航标设备和造塔技术，建设的灯塔以铸铁为主。新中国成立后，随着材料的发展，基本上采用钢筋混凝土制造。

图 35-3　在湿滑的岛礁上搭设搬运过渡架（供图：厦门航标处）

图 35-4　建设过程中的赤鼎屿灯塔（供图：厦门航标处）

全新的赤鼎屿灯塔改建凝聚了太多人的心血和期盼。一路走来，项目组人员费尽周折，将现代化灯塔设施与千年海丝文化完美融合，才造就了泉州港口门处这座独一无二的闽南特色灯塔。时空纵横，从古老的东方到遥远的西方，进出港的货轮与它们曾经驶过的航线，梭织着泉州这座港口城市通向世界的历史与未来。正如灯塔门联所书写的，"灯映逐梦千里行，塔唤载誉万船归。"静默伫立的赤鼎屿灯塔将一如既往，深切凝望每一艘入港的船，日夜护佑同一个安宁的梦。

图35-5 赤鼎屿灯塔主体建设完成（供图：厦门航标处）

参考资料：

逐浪凿光：赤鼎屿灯塔建设纪录片（上）[EB/OL].(2021-10-01)[2023-08-10].
https://mp.weixin.qq.com/s/11LMl_lyv9_ceofVxuq-5A.

逐浪凿光：赤鼎屿灯塔建设纪录片（中）[EB/OL].(2021-10-11)[2023-08-10].
https://mp.weixin.qq.com/s/7TWlhfc3Npvcenq04y2qrg.

灯映逐梦千里行 塔唤载誉万船归—赤鼎屿灯塔建设纪录片（下）[EB/OL].(2021-
10-23)[2023-08-10].https://mp.weixin.qq.com/s/zw9vfdKAMPKJM-4ZVzqp-Q.

洋屿灯塔

 灯高

120.4米

 塔高

20.7米

 值守情况

无人值守

 地理位置

福建省福州市连江县苔菉镇境内洋屿岛上

 塔身构造

圆形变截面钢筋混凝土内爬梯结构

 管理权属

东海航海保障中心福州航标处

 历史沿革

由海军移交，2018年重建并于当年12月正式发光

 灯器参数

灯器为美国泰兰TRB-220，射程为16海里，灯质为闪（2）白6秒。

 服务范围

为进出三沙湾水域和罗源湾港区以及航行于福建沿海干线船舶提供可靠的航海保障服务。

洋屿灯塔

连江洋屿灯塔诞生记

◎ 李 强

> 在这样一座岛上建灯塔，想想都有些激动，也许哪天我就名留青史了。

2017年年初，我从基层航标管理站调岗至处航标管理科基建岗位，从事航标基础设施建设等工作。7月，我接到任务，要对洋屿灯塔进行"重塑"。作为航标建设"小白"的我心想：这可是关乎灯塔形象的大事，不能马虎。随即我们便成立了工作组，正式开展相关工作。

洋屿岛位于福州市连江县苔菉镇境内，距苔菉镇北茭鼻东端约1.3公里，面积约330亩，是福建省首批进行旅游开发的无人岛，主要定位为"以亚热带海岛原始景观为特色，开发建设集旅游观光、休闲度假、滨海娱乐和休闲渔业体验等为一体的综合性原生态旅游岛和低碳旅游示范基地"。洋屿岛内风光绮丽、秀色可餐，海边是错落有致的礁石带，浪卷千堆雪，还有海鸥不时掠过洋面。岛上东、西两山对峙，中间原是个小海湾，后建成筑石堤坝，形成了6000平方米的"引月湖"。在这样一座岛上建灯塔，想想都有些激动，也许哪天我就名留青史了。

　　我们第一时间拜访了苔菉镇人民政府和洋屿岛"岛主"，得到他们的支持后，便马不停蹄着手开展项目。8月，我第一次去洋屿岛实地踏勘。那天，汽车下了高速，从黄岐半岛开始，左一个弯接右一个弯，不知转了多久，才终于到了北茭村码头，下车的时候我晕晕乎乎的，感觉整个世界都不太真实了。北茭村是远近闻名的渔业村，空气中弥漫着海鲜的腥味和海风的咸味，岸边终日轰鸣着的是渔船的发动机，耳

图 36-1　原洋屿灯塔基底（供图：福州航标处）

图 36-2　通向洋屿灯塔的石阶（摄影：李强）

边萦绕的是船员们卸货的吆喝声，这一切把迷糊的我拉回现实。这天天气特别好，湾内风平浪静，我们一行人在船上看着景聊着天，很快就到了湾口。这时海上突然有了一些涌浪，听船长讲，这里被当地渔民称为"中国好望角"，平时风浪很大，但我们今天日子选得好，风平浪静的。登上洋屿岛码头，走过筑石海堤和登山石阶，任由海风拂过脸颊，抬头远望蓝天白云和一望无际的蓝色海洋，心中不禁感叹，洋屿岛真是一个好地方，也更加坚定了我要把洋屿灯塔建造成标志性灯塔的信念。

2018年6月，一切准备工作就绪，我们要动工了！但此时太平洋洋面上的台风已经形成，预计于1周后在我国东南沿海登陆。为确保项目在年内完成，我向领导申请赶在台风前上岛，抓住海上施工作业的窗口期，推动项目开工建设。

　　这次上岛由我带队，施工、监理、设计单位一起出发。熟悉蜿蜒道路的我已经不觉得头晕，很快我们便到达了出发地码头。海面上，海水有节奏地翻滚着，几艘渔船返航归来，船上的渔民被涌浪卷得时隐时现。在与当地船长沟通确保安全后，我们登船起航了。船摇摇晃晃地来到湾口。此时，海浪明显汹涌起来了，船只在一个又一个涌浪中艰难前进，我们手挽手互相搀扶着连成整体，以保持重心。面对眼前的境况，我的内心充满矛盾。一方面是作为领队，同行人员的安全必须放在第一位；另一方面，项目建设的紧迫性促使我急于促成此次的项目动工。在矛盾、纠结、不安的情绪下，我在船长的脸上看到一丝犹豫，我知道，这意味着当前的海况已不适合继续前进了，于是果断决定返航，终止了行程。返航后，我们并未离开码头，而是原地等待合适的时机再起航。为缩短在岛上的逗留时间，提高安全系数，在码头等待的时间里，我组织大家进行现场办公，明确问题，这样上岛后便可直奔目标，提高效率。好在午后海况有所好转，我们成功赶在台风前完成了计划工作。这一次惊险登岛，让我深深感受到了"中国好望角"的威力。

　　洋屿岛本是两座小岛屿，上下船的码头在西侧岛屿，洋屿灯塔建设在东侧岛屿的最高处，东西岛屿由"岛主"开发，用筑石海堤连接，二者距离约2000米。灯塔建设所用的材料等物资只能就地卸在西侧岛屿的码头小平台上，材料的搬运，先采用三轮摩托车运到东侧小岛屿的山坡脚下，再用四匹驴驮上材料经过500多米连续的爬坡石阶把材料运输至山顶施工处。用驴驮物资，我之前虽然听说过，但没见过，全程都觉得特别新奇。特别感谢几位"驴大哥"，不仅帮我们节省了人力，还节约了不少时间和成本。因项目工程在岛屿最高处，施工期间风力一般都在五级以上，七八级大风是家常便饭，台风或冬季季风来临时，筑石海堤上时不时就会有被海浪拍上来的大石头，我们时常戏谑道："这就是大自然的力量啊！"但其实内心常常感到不安和害怕。岛上没有淡水和食物，要靠陆上补给；没有市电，要靠柴油机发电或者点煤油灯，为了节约往返时间和成本，施工队就这样长期住在岛上潮湿、蚊虫遍布的山洞里。是这群可敬的劳动者，克服了恶劣的自然条件和生活环境，用信念和毅力造就了新灯塔的诞生。

最终一座塔身高度20.7米、塔顶平台直径3米、塔身底部直径4.5米，塔身外墙为红白氟碳漆的洋屿灯塔于2018年12月初在福建沿海连江洋屿岛的最高处落成。

施工时，由于原洋屿灯塔基底与固石相连，一块近1米高的圆柱形石块未能拆除，本是一桩遗憾的事，因为这将是新灯塔的一处瑕疵。但当新灯塔建成时，远远望去，残留的旧体与新灯塔仿佛是并肩作战的好朋友，新老交替、薪火相传，共同守望着这片大海，目送着回家的船只安全返航。

图 36-3　新落成的洋屿灯塔远景（摄影：李强）

吴淞口灯塔

 塔高

20.1米

 灯高

17.4米

 服务范围

为进出吴淞口船舶提供指引

 管理权属

东海航海保障中心上海航标处

 值守情况

无人值守

 灯器参数

主灯采用ZL-LS570A型灯器，射程13海里；备用应急灯器为美国泰兰ML-300，灯质为闪白5秒，射程为7海里。

 历史沿革

1988年由上海海事局对河塘灯桩改造而成，1999年12月29日改造完成，吴淞口灯塔正式投入使用。

 塔身构造

钢筋混泥土结构

 地理位置

上海市黄浦江与长江交汇处

吴淞口灯塔

灯塔之光：吴淞口的守护者与科技航标人

◎ 岳添韵

> 一代代航标人爱岗敬业、无私奉献的缩影，在灯塔背后闪耀。

　　上海航标处的吴志华是航标创新的带头人，30年如一日的坚守让他成为全国航标系统内屈指可数的技术能手。他所带领的工作队伍先后获得全国水运系统安全优秀班组、上海市工人先锋号、青年文明号、上海市五一劳动奖状等多项荣誉，还创立了"吴志华劳模工作室"，立志用科技为航标插上翅膀，将经验技术言传身教给新一代航标人，年轻的同志们都亲切地称他为"吴师傅"。吴淞口灯塔是上海港最重要的标志性建筑，也是"吴师傅"的重要战场，他的成长、成才、授技、育人都与吴淞口灯塔密不可分。

图 37-1　早期吴淞口灯塔全貌（网址：http://smp.weixin.qq.com/s/2CC6gR-xiWc08ocUBgWuog）

　　2011年中秋，正在家准备家宴的吴志华接到单位电话，吴淞口灯塔主灯熄灭，必须立即组织人员抢修。来不及多想，他便穿衣服出了门。据吴志华回忆："那天下雨，到达吴淞口导堤时潮水还没落下，为了抢在天色全暗前恢复主灯发光，我和两位同事只得蹚水过去。"到达后，他们顾不得倒掉鞋里的水便迅速爬上灯塔展开维修。待他们修理完成，走出灯塔时，已是夜幕低垂、华灯初上。吴志华说："虽然不能与家人团圆，但看着漆黑的海上灯塔发出的亮光，一切都值了。"朋友和家人们都说，只要一触及跟工作相关的事情，吴志华就会进入忘我的状态。

图 37-2　黄昏下的现代吴淞口灯塔（供图：上海航标处职工）

世博会期间，为解决灯塔加装 LED 字牌后蓄电池供电时间大幅缩短的问题，吴志华先是实地考察、实地测试，发现 LED 字牌实际电流过大、线路耗损过大的问题，后又一连闭关七天，埋首工作间。经过反复试验，吴志华终于找到了最佳的供电方案，并成功在控制系统中加装了电流控制器，使字牌的发光时间延长了1倍。每当夜幕降临，黄浦江上的"中国海事吴淞口"航标字牌在两岸霓虹下闪闪发光，成为城市的一道靓丽风景，引得无数游人驻足欣赏。

吴志华钻研各类航标前沿技术。近些年，无线电航标和北斗遥测终端发展迅速，吴志华总是能跟踪到最新的助导航技术，第一时间着手实际应用推广、落地，项目落实的第一站必定是吴淞口灯塔。经过十余年的不断改造和数十次现场安装调试，如今的吴淞口灯塔集合了最先进的航标设备，冷光源叠层 LED 航标灯、AIS 应答器、新型雷达应答器、大功率北斗遥测终端、高清监控设备等让吴淞口灯塔从过去单一的发光航标转型成全方位助导航系统，与周边其他航标以及 VTS（船舶交通服务）一起，为吴淞口超大密度船舶的通航构建了完备的助导航体系。

2010年上海航标处职工精心制作并演绎的话剧《灯塔的故事》，就是围绕吴志华和他的徒弟以及吴淞口灯塔展开的。话剧以吴淞口灯塔为背景，由吴志华同志和徒弟李梦泽进行表演。话剧的所有道具都是航标工们常用的工具：工具包、应急灯、对讲机、录音机等。该话剧结合师傅吴志华和徒弟小李真实的感情及工作经历，用他们真实、朴实的工作场景，清晰再现了吴师傅每天忙碌的抢修工作。同时，吴师傅在工作和家庭之间，始终把工作放在首位，即使逢年过节也难团圆，内心充满对家人的愧疚，最终得到家人的理解与支持。而此时他的徒弟小李又面临失恋，女朋友以小李工资低、工作累、没有前途又要付巨额房贷为由，要其在恋爱与工作之间作出选择。小李内心充满纠结，虽舍不得工作，但想到各种压力，还有女朋友，又不得不离开岗位。当想到师傅这个好榜样时，又觉得自己辜负了他的栽培，做事不应该半途而废，应像师傅那样做出成绩。他最终选择了留在航标处工作，坚守岗位，希望能够得到女朋友的谅解。该话剧讲述的是新时期航标工人的典型代表，是一代代航标人爱岗敬业、无私奉献的缩影，在灯塔背后闪耀。辛酸与惆怅……

图 37-3　巡视吴淞口灯塔（供图：上海航标处职工）

在话剧中演绎得淋漓尽致，话剧所表现出强烈的内心煎熬与精神痛苦，也只有航标人最有体会。话剧吸引了机关、基层许多职工自发前来观看，引起了职工们内心的共鸣与震撼。

　　岁月悠悠，吴淞口灯塔见证了上海港的繁荣与发展，更见证了像吴志华这样一代又一代航标工人的坚守与奉献，让这座灯塔不仅成为上海最美的灯塔，更成为航标人心中永恒的骄傲。随着科技的不断进步，吴淞口灯塔将继续与时俱进，成为更加智能、更加高效的助导航系统。而吴志华和他的徒弟们，也将继续在这条光荣的道路上前行，用他们的热情和智慧，守护着这片海域的安宁与顺畅。他们的故事，就像那永不熄灭的灯塔之光，永远照亮着人们的航程，激励着后来者不断前行。

航标

　　航标（aid to navigation），即助航标志，是为船舶航行安全服务的助航设施，分视觉航标（又称目视航标）、音响航标和无线电航标三类。

大陈灯塔

 塔高

16.5米

 灯高

30.5米

 值守情况

有人值守

 管理权属

东海航海保障中心温州航标处

地理位置

浙江省台州市椒江区大陈岛

 塔身构造

钢筋混凝土剪力墙结构

 灯器参数

主灯射程15海里，备灯射程10海里，灯质为闪白5秒。

 历史沿革

2022年12月开始动工兴建，2023年9月16日建设完成并正式发光。

 服务范围

为南来北往航行于渔山列岛附近的船舶提供安全保障，维护台州海域水上交通秩序，确保大陈水域船舶航行规范、安全。

大陈灯塔
为了明天的追忆！
——大陈灯塔始建故事

◎　陈方敏

　　航标人的热血永远不会停止沸腾，它终究会融入落日的余晖，合着灯塔闪烁的熠熠光芒，给大陈岛，给这片海洋带来福祉。

　　大陈岛有数不尽的故事。解放战争时期，一江山岛战役留给大陈岛震撼人心的红色革命印记，大陈岛从此成为被遗弃的荒岛。1956年，温台地区467名青年志愿者响应团中央"建设伟大祖国的大陈岛"的号召，毅然登上满目疮痍的大陈岛，以满腔热情、冲天干劲和炽热青春，与驻岛部队一起展开战天斗海的垦荒事业，用青春和汗水培育了"艰苦创业、奋发图强、无私奉献、开拓创新"的大陈岛垦荒精神。

　　2019年，经交通运输部海事局批复，同意在大陈岛海事工作船码头北侧防波堤堤头建设大陈灯塔。

　　大陈灯塔的建设对我来说有着非凡的意义。我很荣幸，能有机会与我的同事叶增作为常驻大陈岛现场的管理人员，和所有参与施工的同志们一起，投身到大陈灯塔的建设过程中。大陈灯塔的建设时间紧、任务重，是整个团队义无反顾坚守在基建工地上的辛勤付出，一次次争分夺秒抢进度，一丝不苟抓质量，一次次地发现问题、完善设计，大陈灯塔才得以圆满竣工。

为了顺利完成这个项目，我们花费了很多的时间和精力与各方面进行协调和沟通，包括地方政府、海事部门以及施工单位，等等。但在工程刚刚起步建设之初，我们就遇到一个不小的难题。

时间回到2023年4月中旬，为了灯塔建设顺利，我们必须要争取到大陈镇政府及大陈管委会的支持。为了完成这一目标，我们多次与管委会沟通联系，详细地介绍灯塔建设方方面面的情况，以及需要得到的如水、电、交通、运输及安

图38-1　大陈灯塔（摄影：陈声镕）

图38-3　灯塔施工现场（陈方敏摄）

图38-4　灯塔施工现场（陈方敏摄）

全等方面的支持。经过一次又一次的主动协调和沟通联系，管委会及大陈镇政府了解了此次工程的意义与象征，也表示会尽最大的可能对本工程给予支持。

　　然而灯塔在建设过程中还是遇到始料不及的难题。2023年5月，大陈岛部分码头发生意外事故，政府责令大陈岛所有码头停运整改。停止所有运输船舶进岛靠泊后，我们工程所需的建筑材料也无法进入大陈，而工地上的沙石和水泥等建筑材料也已告罄，如果不及时进行补充，工程进度只能够止步不前，甚至面临着延误的风险。身为施工队员的甲方代表，我们深知岛上的施工条件十分艰苦，人员上下不便、资源匮乏短缺给项目的进展带来多么大的困难。特别是对于技术人员来说，他们很难及时跟进项目进度。在基建关键环节，特别是管路预埋方面，一旦错过最

图 38-2　大陈灯塔建设全景（摄影：陈方敏）

佳时间，就会造成不可挽回的损失。经过多次与政府部门的沟通协调，我们终于得到了允许建筑材料进入大陈岛的批准。建筑材料到位后，施工步入正轨，为了弥补工程进度停滞的那些时间，我们每日与工人们烈日下同流汗，丝毫不容许有任何马虎。虽然比较辛苦，但看着龙头逐步打开，看着钢筋混凝土一道道浇筑进去，看着塔身一层层缓慢升起，我们内心的欣慰和自豪感不言而喻。建筑材料这一问题得到妥善解决，但工程不会一帆风顺，随之而来的是台风扎堆登陆。台风来临前，沿海各类在建工程、工地根据防风要求及时停工和组织施工人员撤离。

　　响应政府要求，我们及时让项目在台风登陆的前后几天停工，安排岛上人员及时撤离至安全位置。最紧要工作还有争分夺秒地对工程进行检查、加固，最大程度避免台风可能带来的损失。

　　台风过境后，我们抓紧有利天气，第一时间复工，得益于我们防台措施做得比较扎实，我们的灯塔经过强台风肆虐后也只有一些无伤大雅的"小磕碰"，很快我们又回到灯塔

图 38-5　夕阳下的灯塔施工现场（陈方敏摄）

的建造进度上来。最后几个月，我们顶着酷暑，如火如荼地劳作。为了抓进度，我们要求施工方快马加鞭；为了抓质量，我们一丝不苟核查每一层钢筋布设，终于在节点工期前完成了所有的施工任务。

9月16日，在海事航保同事们、施工单位、大陈岛居民和媒体的见证下，大陈灯塔正式建成发光。在嘉宾们共同按下启动按键的那一刻，现场船舶鸣笛30秒，象征着平安、光明、和平、智慧的灯塔正式点亮，微光成炬，最终汇成一束强劲的白色光柱射向大海深处。这束光，履行着灯塔为航海者保驾护航的光荣使命。

于很多人而言，我们只是在自己的岗位上做着最平凡的事，但是于我内心深处，这是一项庄重的责任和使命。看着大陈灯塔已经圆满竣工，几个月来披星戴月的时光转瞬即逝，现在我却希望时间能够再缓慢一点儿。虽临近退休，但我对于航标事业的热爱仍丝毫不减，航标人的热血永远不会停止沸腾，它终究会融入落日的余晖，合着灯塔闪烁的熠熠光芒，给大陈岛，给这片海洋带来福祉。离开岗位前的这一段经历也将永远铭记在我心中。

亚帆灯塔

灯高
19米

塔高
14.2米

值守情况
无人值守

塔身构造
圆柱形混凝土结构

历史沿革
2021年建成

管理权属
东海航海保障中心宁波航标处

服务范围
为杭州第19届亚运会帆船比赛提供助航服务

灯器参数
采用美国泰兰 TRB-400型灯器，射程15海里，灯质为闪白5秒。

地理位置
浙江省宁波市象山县亚帆中心内

亚帆灯塔

亚帆灯塔：扬帆追光　亚运有我

◎　张　乐

> 潮涌滨海宁波，共扬亚运之帆。

　　如果你问宁波象山的当地人，象山近两年最浪漫的新晋网红打卡地在哪里，十有八九得到的答案是杭州第十九届亚运会帆船（板）项目竞赛场地——宁波象山亚帆中心。如果进一步细问，亚帆中心最令人印象深刻的点位是哪个，那答案百分百就是位于操作平台广场北堤端头那座绿白相间、高达14.2米的亚帆灯塔了。

　　亚帆灯塔外形挺拔修长，整体设计上将"梅花"这一象征着吉祥如意的花朵元素进行抽象化构造，符合海洋动态视觉感受和中国传统建筑审美，蕴含中华民族丰富多彩的人文历史，向各国参赛者传递着中华民族和平友好的美好愿望。它不仅为赛事提供着专业助航服务，人们站在这里还可以饱览一半是海水一半是群山的美景。

　　每当夜幕降临，掌灯时分，灯塔便射出一束强劲的射程达15海里的白色光柱照向大海深处。这束光，履行着灯塔为航海者保驾护航的光荣使命；这束光，表达着人民群众对亚运盛会的美好祝福；这束光，架起了举国瞩目的杭州亚运会与辖区航海保障国家队——宁波航标处之间的交流桥梁，让平凡的航保工作者有幸在参与亚运、服务亚运、奉献亚运中实现职业价值。

　　亚帆中心工程自2018年12月启动，于2021年3月底完工，位置紧邻近海习惯航路，是商渔船活动较为频繁的开放性海域。宁波航标处高质量完成了包括亚帆灯塔在内的三座视觉航标和一座无线电航标的设计评审、设备安装、技术测定及

图 39-1　傍晚的亚帆灯塔（供图：许文韬）

39-2　亚帆灯塔（供图：许文韬）

管理维护工作，整体效能经受了第十四届全运会帆船赛（宁波赛区）暨亚运会测试赛安全引导帆船进出港池和顺利完赛的考验，良好的服务意识和服务质量收获了竞赛委员会的一致好评。

同时，亚帆灯塔还是个拥有"首"字头衔的一专多能的多面手。赛事海域周边原有气象站点基本位于陆地，无论是站点数量，还是观测距离，都无法满足赛事定点、精细化的需求。宁波航标处应气象部门所需，开放若干航标设施建设赛区气象综合立体观测网，其中亚帆灯塔气象站是浙江省首个为体育赛事打造的灯塔气象站。

点灯，是赋予灯塔的最高礼仪。2023年6月26日，宁波航标处在亚帆中心举行的"潮涌滨海宁波，共扬亚运之帆——点亮祖国灯塔，守护蓝色海疆"点灯活动，无疑是亚运会召开前亚帆灯塔的高光时刻。活动以紧扣时代脉搏、讲好航保故事为主线，设置了党员承诺签名、百年灯塔和航保核心价值展示、重温入党誓词、青年诗朗诵和启动点灯等环节，吸引了宁波各涉海单位及象

图 39-3　亚帆灯塔点灯（供图：许文韬）

山亚运办、各地游客和当地群众参与，营造了浓烈的亚运氛围和海洋文化气息，也极大推广了航标，提高了单位知名度。

同时，各大政府宣传平台和新闻媒体的集中助力报道，也为活动插上了几何式传播的翅膀，让更多人认识亚帆灯塔，关心杭州亚运。宁波市人民政府新闻办公室官方微信"宁波发布"推送图文报道《亚帆灯塔，点亮了》，标志着该活动获得属地政府高度关注和肯定。《宁波晚报》以头版头条大图的形式刊发报道，形成了强烈的视觉冲击。宁波市直机关工委官方微信、宁波市文明办官方微信对活动详情的信息推送，也为宁波航标处进一步融入地方发展建设格局和争创更高层级文明荣誉积累了有利条件。

直面大海，历经千帆。就如同杭州亚运会官方主题推广曲《从现在到未来》所唱的，亚帆灯塔将在亚运会后持续在岗，焕发更强生命力，为各类船舶提供航路指引等助航服务。

开山岛灯塔

 塔高

12.6米

 灯高

47.2米

 值守情况

无人值守

 服务范围

为进出吴淞口船舶提供指引

 塔身构造

圆柱形混凝土结构

 历史沿革

公元1916年始建，1957年重建。灯桩多年失修、停止发光，1991年被拆除。1993年8月20日，应当地政府和渔民的要求，于原灯桩附近的风力发电遗弃铁架上设灯发光。1995年，上海海监局将开山灯塔列入改造计划，于原灯桩位（岗哨亭）重建。

 灯器参数

主灯采用ZL-LS570A型灯器，射程13海里；备用应急灯器为美国泰兰ML-300，灯质为闪白5秒，射程为7海里。

 管理权属

东海航海保障中心上海航标处

 地理位置

江苏省连云港市灌云县燕尾港镇开山岛

开山岛灯塔

他就是一座"灯塔"

◎ 张志民

一座开山岛，王继才守了32年；一座开山岛灯塔，熊发仁维护了40年。平凡的事业、崇高的精神，总不乏后继者。

"开山像笆斗，正对灌河口。"位于江苏省连云港市灌云县燕尾港以东12海里的开山岛总面积0.013平方公里，只有两个足球场大。"石多水土少，台风四季扰。飞鸟不做窝，渔民不上岛。"这句在当地渔民口中广为流传的顺口溜便是开山岛自然环境的真实写照。然而，开山岛虽为弹丸之地，却具有重要的战略地位。

1916年，开山岛上始建灯塔——开山岛灯塔，矗立于开山岛之巅，是苏北沿海和船舶进出灌河的重要助航标志。时光荏苒，建成后的开山岛灯塔见证了战争年代国家的满目疮痍、近现代航标管理体制的迭代发展，也见证了苦楝树花开一季又一季，送走了航标工作人一代又一代，原东海航海保障中心连云港航标处燕尾港航标管理班班长熊发仁就是其中之一。

提起熊发仁，整个连云港航标处无人不知、无人不晓，这个从19岁到59岁只干一件事——扎根苏北燕尾港、从事一线航标管理的湖北京山人，个子不高，身形精瘦，却身手敏捷，很有精神。至今仍操着一口流利的家乡话，但工作起来并无任何障碍，是个不可多得的专家型人才。

在一次视觉航标技术技能比武中，各大技术能手同台竞技，当时的熊发仁还是油机组组长，是视觉航标的"门外汉"。但他只用了三天时间准备，就在理论考试和实践比赛中轻松拔得头筹。有一艘装有罗兰C导航系统的渔船出现了系统故障，半年多没人能修好，后来拿到熊发仁手里，他根据该系统双曲线定位原理，只用了一天就排除了故障。

图40-1　开山岛灯塔远景（摄影：乔钰）

图 40-2　熊发仁带领年轻职工检修无线电航标设备
（摄影：屠金阳）

　　类似的例子还有很多，多年来，熊发仁秉承着"活到老，学到老"的精神，自学了无线电、电子电工、网络通信、英语等多门与航标业务有关的学科知识。这位航标"专业"的全科医生，专治各种疑难杂症。但学霸"熊同学"也曾坦言，他努力的动力来自隔壁邻居的影响。

　　1986年7月14日早上8点40分，王继才在灌云县人武部同志的陪同下登上了开山岛，开始了他的守岛生涯。彼时，得知这一消息的熊发仁在欣喜之余，更是对这位时常喊他"三姑爷"的近邻充满钦佩。熊发仁的妻子是燕尾港镇人，家里排行老三，熊发仁与其结婚后一直住在单位宿舍，恰巧两人的"家"离王继才家只有200多米。"远亲不如近邻"这句话在王继才未上岛前，是他们两家的真实写照。

　　那时的开山岛，满山石头，没淡水也没电，几排营房黑洞洞的，因为小岛无人值守过一段时间，杂草遍地，连条像样的路也没修缮好。岛上常年潮湿，一到夏季更是蚊虫肆虐，偶尔上去维护一下灯塔还好，要是长住还真受不了。即便是这样，他的邻居王继才还是上去了，而且一守就是32年。据

图40-3 连云港航标处党员在开山岛灯塔旁重温入党誓词（摄影：毕卫光）

熊发仁回忆，自从王继才上去守岛后，杂草没了，取而代之的是一排排挺拔的松树和倔强的苦楝树；人们上岛时再也不怕缆绳扔不到岸上了，因为总会有人早早地等在岸边，挥舞着双手；灯塔有人看守了，哪怕灯光稍暗1度，都会有人及时通知他们……那时的熊发仁和王继才是近邻更是战友。

被王继才无怨无悔的坚守和付出精神所折服，熊发仁暗暗发誓：航标人不能差，我们单位必须比其他单位做得更好！ 2008年盛夏的一天，气象预报显示当晚开山岛会有台风登陆。熊发仁和他的同事们在之前对开山岛灯塔设备进行详细检查时，就发现灯塔的蓄电池由于长时间的充放电，性能下降，其容量已无法满足设备的正常运行。电源线绝缘层也开始老化开裂，接头更是因绝缘层和防水层损坏导致电缆铜芯粉化，迫切需要对其供电系统进行改造。如果立马上岛，台风即将登陆，如何在一天之内将24块近100斤重的电池及时运上岛完成安装，并将旧电池卸下带回去，且还要赶在台风前离岛返航？这是体力、心力与技术能力的多重考验！但如果不立马上岛，灯塔将无法正常工作，万一有过往船只路过，就会有触礁风险。上还是不上，这是个问题！

"不能让任何一只船因为灯塔在这片海域出事，这岛必须上！"伴随着熊发仁铿锵有力地发令，燕尾港航标管理站精锐整装出战。可是，刚出发，天便阴沉了下来，风浪比过往任何一次都要大，一些没经验的年轻航标员陆陆续续开始上吐下泻。但开弓没有回头箭，船上的所有人都知道这船不可能掉头。坚持到下船已用了七成体力，在不负重的情况下，开山岛上巡逻一遍，要迈508级台阶，上一趟灯塔需要迈228级，接下来的三成体力得完成数个228级的挑战。即便如此，熊发仁一边肩挑大梁，一边鼓励队员们"使出吃奶劲儿，不能放弃！"。

苦楝树的树叶在狂风的怒号中沙沙作响，但树干仍倔强地伸向天空，企图给"身体"助力。一旁的航标员们已气喘吁吁、汗水涔涔，但休息片刻后，便又快马加鞭地赶活。他们依次摆放码齐新电池，走线，穿管，固定，处理接头，最终接线通电，测试电压、电流等数据，配合默契，一连串动作在熊发仁的指导下一气呵成。深夜，台风登陆，暴雨如注，但灯塔的光一如既往地亮了起来，即便不见过往行船的身影，但她的使命不曾缺席。

这样的经历在熊发仁的记忆里还有很多，40年来，与航标亲密接触的熊发仁身上被深深烙上了各种印记：电池铅酸液体溅到手上，立刻烧掉一层皮；冬天光着大腿，举着工具，蹚过刺骨的浅水礁石，密集的海蛎壳像刀片一样，划得他脚上鲜血直流；站在剧烈摇晃的灯浮上他也曾严重晕标，不停吐，但吐完继续干活……

功夫不负有心人，在熊发仁的带领下，班组设置技术改造室，积极开展技术革新活动，解决生产难题，先后完成了"DGPS台站发射天线防雷改造"、"UPS（不间断电源）改造"等多项课题，有效解决了雷雨时损坏发射机和危及操作人员安全等问题。2014—2015年，针对海上灯浮蓄电池极柱氧化断线问题，熊发仁对海上60座航标进行了分析实验和技术改造，有效解决了蓄电池极柱氧化断线问题，降低了维护成本，提高了航标正常率。该项目荣获2015年度上海市职工合理化建议项目创新奖，熊发仁撰写的论文《航标电池极柱氧化研究》荣获中国航海协会航标专业委员会一等奖，他也因此受邀登上了中国航标专业学术论坛的最高讲台，在年度学术交流研讨会上发表公开演讲，获得与会专家的一致认可和赞许。

一座开山岛，王继才守了32年；一座开山岛灯塔，熊发仁维护了40年。平凡的事业、崇高的精神，总不乏后继者。"燃烧自己、照亮别人"，在航标事业里是一种精神，但在熊发仁身上却是真实写照。可以说，他就是航标人眼中的"灯塔"。

图 40-4　熊发仁正在巡检航标（摄影：倪超）

虚拟航标

根据国际航标协会（IALA）定义，虚拟航标（virtual aid to navigation）是指物理上不存在、由经授权的助航服务提供部门发布、能在导航系统中显示的数字信息物标。虚拟航标综合应用了计算机技术、电子海图技术、AIS技术和GPS卫星导航技术等先进的现代高科技技术。

孤岛上的陪伴　供图：博刚

第五篇 以梦为塔

未来灯塔及核心价值的赓续

　　灯塔伴随着人类文明的发展而变化，未来的灯塔必然更加先进、更加强大，大数据、人工智能、6G等技术正有力塑造着未来灯塔和未来航标的模样，也许未来灯塔正如书中所描摹的一样，也许未来灯塔又是另外一副模样，这些都不重要，重要的是，未来灯塔本身是让人期待、值得想象的。我们的灯塔精神深植于中华文化当中，能够孕育、诞生、发展、成熟，始终保持充沛活力，关键就在于它回应了时代呼声，与时俱进，不断升华，这一点恰恰是灯塔精神永不改变的内核。未来，在实现中华民族伟大复兴的中国梦的进程中，需要把灯塔精神与时代要求紧密结合，把实现伟大复兴中国梦作为指引行业未来发展的灯塔，灯塔精神将继续在未来世界根深叶茂。

太空灯塔

X行星

塔高
1500米

值守情况
无人值守

地理位置
位于X行星，地处海豚座边缘。

灯器参数
"人造太阳"灯器，最大射程大于1千万千米。

塔身构造
高分子高强度合金材料

应用科技
塔身表面通体覆盖新型太阳能接收装置，太阳能转化率达到99.9%，并配有高密度能源存储器，体积小，安全性高。灯塔装备有自检监测系统、泛太空定位装置、量子无线通信设备和导助航信息收发设备等。

具备功能
能源自给自足，并有富余，可对外供能。灯塔装备的自检监测系统、泛太空定位装置、量子无线通信设备和导助航信息收发设备等，可实现传统的灯光识别、灯塔状态实时监测、太空航线信号发布、航天器导助航信息收发、无线通信信号收发等功能。

X 行星太空灯塔

抢修 X 行星太空灯塔

◎ 张源华

灯塔工程师的工作剪影穿梭于太空，他们不畏艰险，默默奉献，守护着太空航行的安全。

公元3001年，大规模流星体造访了 X 行星。

"太空灯塔保障部，我是航天器地球101号。我正途经 X 行星区域，该区域航线信号微弱，特向你部报告。"

"太空灯塔保障部收到，感谢您的支持，我们会尽快处理。"

图 41-1　太空灯塔

　　"太空灯塔保障部，我是航天器金星123号。我正途经X行星区域，该区域航线信号微弱，无线通信信号不良，特向你部报告。"

　　"太空灯塔保障部收到，感谢您的支持，我们会尽快处理。"

　　……

　　太空灯塔保障部接到大量关于X行星区域的信号故障问题报告，同时X行星太空灯塔发来警报，警报显示该灯塔设备故障。太空灯塔保障部立即启动了应急预警，对X行星灯塔发出自检指令，并试图调取X行星的视频数据进行查看。

图 41-2　太空灯塔保障部

图 41-3　"灯塔 1 号"航天器　　　　　　　　　图 41-4　　X 行星

然而实时视频数据无法获取，信号传输中断。经对 X 行星近期视频存储数据进行回放发现，数日前，大规模流星体造访 X 行星，X 行星一级太空灯塔塔身太阳能板覆盖面部分受损，太空灯塔附属配套的航天器升降跑道和停泊位、人类生活用房及物资储备用房等遭流星体冲击，受到不同程度的损坏。自检指令发出后，X 行星太空灯塔自检反馈为无线通信和导助航信息收发系统故障，系统自动恢复失败。经分析，大量流星体与 X 行星稀薄大气撞击产生强电磁波，对 X 行星太空灯塔的无线通信设备和导助航信息收发设备等造成强烈电磁波干扰，同时，流星体撞击塔身以及撞击产生的强烈震动造成了系统设备的故障。

　　X 行星地处两个不同星座的交会处，该太空灯塔的通信、导助航等功能需求非常突出。太空灯塔保障部启动最高级别应急，部长指派首席灯塔工程师老张率应急修复团队乘坐"灯塔1号"航天器前往 X 行星应急修复。部长对老张说："老张，此次 X 行星灯塔的险情系近20年来最严重的一次。X 行星灯塔地处星座交会处，途经该区域的航天器数量多，该区域的通信、导助航等功能需求非常突出，情况紧急，任务艰巨。作为我们的首席灯塔工程师，希望你能带领团队迎难而上，尽快恢复 X 行星灯塔。同时，也要注意自身安全。"老张坚定地说："保证完成任务，守护太空航行安全！"

老张率应急修复团队登乘"灯塔1号"航天器。

"动力系统正常！"

"导航系统正常！"

……

"灯塔1号"航天器各项起航准备工作就绪，随着老张一声"起航"指令，"灯塔1号"航天器起航前往 X 行星。

"各位，我是本次应急恢复的负责人老张。本次任务的紧迫性和艰巨性我就不赘述了，相信大家都已收到任务通知。请各部门各司其职，务必圆满完成此次任务。谢谢！"

"灯塔1号"航天器在历经地球120小时后来到了 X 行星附近，但因太空灯塔故障，通信和导助航无线信号存在盲区。"灯塔1号"航天器随即启动半自动驾驶模式，为保证安全，航天器降速进入悬浮状态。

"各位，我是老张。目前我们已临近 X 行星，因存在通信盲区，请注意驾驶。"

"根据 X 行星运行周期，计算出 X 行星目前位置。修正航天器位置，锁定 X 行星方位，调整航天器舱向。"老张下达指令。

"锁定 X 行星方位！"

"发射小型无人航天器，为我们护航。"老张下达指令。

在无人航天器的护航下，"灯塔1号"航天器飞抵 X 行星上空。

"回收无人航天器，发射无人侦查器，侦查 X 行星太空灯塔情况。"小型侦察器侦察航天器升降跑道损坏情况，老张与团队商讨降落方案，研究制订出降落方案，降落方案通过模拟降落试验，"灯塔1号"成功降落。老张率领团队，立即换好航天服，带上工具、设备，临时应急恢复X 行星太空灯塔的通信和导航功能。

"太空灯塔保障部，我是老张。目前我团队已成功抵达 X 行星，已

图41-5 X行星太空灯塔

图41-6 灯塔工程师检修太空灯塔

临时应急恢复 X 行星太空灯塔功能。现在正全力抢修中。汇报完毕。"

"老张，收到。请你们抓紧抢修，辛苦了！"

老张带领团队逐项排查太空灯塔无线通信设备和导助航信息收发设备故障，同时指派机器人团队操作大型工程机械设备，修复跑道和停泊位及房屋等。

"报告，无线通信设备遭受流星体撞击损毁，需整体更换。"

"报告，塔身覆盖太阳能板部分损毁，所幸塔身主体结构完好，正在进一步排查。"

"报告，物资储藏用房倒塌两间，正在清理现场。"

……

排查和恢复工作有序开展。在历经地球48小时后，太空灯塔功能恢复，附属跑道和用房等完成修复。老张率领团队逐一进行验收，对检查不合格项目发出整改指令。

同时，老张团队对该太空灯塔进行了全面的检测及保养，检测出相关零部件的老化情况及其他小的隐患。

"太空灯塔保障部，我是老张。目前 X 行星太空灯塔恢复工作已圆满完成，申请返回。"

"老张，我已上报部长，部长指令你们返航。辛苦了！"

"各位，我是老张。我们已圆满完成 X 行星灯塔恢复任务，大家辛苦了。我们即将返航，各位好好休息。谢谢！"

"灯塔1号"航天器起飞返航。在历经地球22小时后，老张又接到灯塔保障部紧急任务。

"老张，这里是太空灯塔保障部。紧急任务，Y 行星太空灯塔故障，部长令你团队终止返航，即刻奔赴 Y 行星。"

"老张收到。"

"各位，接总部紧急任务，Y 行星太空灯塔故障，我们将前往 Y 行星。谢谢！"

"灯塔1号"航天器调整航向，直奔 Y 行星。望着窗外的太空，朝着地球的方位，老张拨通了家里的号码。

"老婆，临时任务，我们要去 Y 行星出任务。"

"好的，注意休息。家里有我，你安心工作。"

灯塔工程师的工作剪影穿梭于太空，他们不畏艰险，默默奉献，守护着太空航行的安全。

具备功能

配备先进的水文气象监测设备，能实时收集海洋气象信息，并通过AIS/VDES技术与全球水文气象数据中心通信，为船只提供准确的气象预报和海洋温度、风速、潮汐等数据，能够准确预测海洋灾害和风险，及时向船只发送预警信息，助力航行安全。灯塔的智能交通管理功能将与附近无人船（MASS）和港口设施互联互通。灯器还配备智能控制系统，可以根据不同天气和船舶情况自动调整光亮度，提高夜间导航的可靠性。

海丝灯塔

 塔高
100米

 灯高
120米

 值守情况
无人值守

 灯器参数
采用最新的 LED 技术，配备智能控制系统，最大射程
50海里。

 塔身构造
高强度碳纤维复合材料

 应用科技
融合中国乃至世界上先进的智能航海保障技术、无人船
（MASS）前沿技术、新型建筑装饰材料和 AIS/VDES/
北斗 / 物联网 / 大数据等技术，实现自动化运行和智能
化管理。塔身顶部配备先进的光伏太阳能板，利用清洁
能源为灯塔供电，绿色环保。

 地理位置
中国古代海上丝绸之路
起点之一的福州

海丝灯塔

航海安全的智慧守护者

◎ 杨弘晟

> 它是中国乃至世界上先进技术的结晶，代表着智慧与实力。

一、建造

福建福州闽江口附近，一派热火朝天的建设景象正在上演。这里即将建造一座福建中北部沿海的一类大型灯塔，名为海丝灯塔。众多建筑师和工程师的目光被灯塔的建造所吸引，纷纷带着憧憬与激情投入这个伟大的工程中。

主持灯塔建造的工程师李明凌是一位经验丰富的航海工程专家。他紧锣密鼓地指挥着团队，依靠人工智能建模技术，精心谋划着每一步工程的实施。新型建筑装饰材料、智能航海保障技术、无人船前沿技术等尖端科技相互融合，使得海丝灯塔在设计上与众不同。李明凌充满自信地表示，海丝灯塔将成为福建省的一张名片，向世界展现中国在智能航海保障方面的智慧与实力。

灯塔的建造不仅仅是一个技术壮举，更是一项环保和可持续发展的实践。为了保护海岛的生态环境，工程团队采取了严格的环保措施，尽量减少对自然的干扰。灯塔的底部采用了特殊的悬挂设计，使其不会对山体造成损害。此外，灯塔还能通过太阳能、风能等绿色能源实现自给自足。

灯塔附属用房中还设置了用于向公众科普海事航保文化的区域，设计师们通过实物建模，运用先进的 VR（virtual reality，虚拟现实）/AR（augmented reality，增强现实）技术，展示充满当地"海丝"元素和海事航保元素的模拟场景。

当然，建造过程中遇到的困难和挑战也层出不穷。特殊的地理条件和恶劣的天气给工程师们带来了许多难题。然而，工程团队始终坚定信念，齐心协力，克服了一个又一个困难。在大家的共同努力下，海丝灯塔终于在数年后顺利竣工。

图 42-1　如火如荼建造中的灯塔

二、守护

海丝灯塔的建成并不是终点，而是一个新的起点。灯塔落成后，一支精锐的航标队伍开始驻扎在灯塔里，日夜守护着航行者的安全。

灯塔的智能控制系统又称为"智能大脑"，它能自动检测灯器的各项参数，并通过智能决策系统准确提醒灯塔守护者需要注意的事项。每当夜幕降临，"智能大脑"会自动点亮灯器，灯塔顶端的灯光照亮茫茫大海，为远航的船只指明方向。张杰看着灯塔散发出明亮的光芒，他的内心充满了喜悦和骄傲。张杰曾是一名资深航海员，多年来他在海洋中驰骋，见证了无数海上事故，他深知灯塔的重要性，因此对守护灯塔的任务充满强烈的责任感。

在灯塔的日常维护中，张杰和同事们不断学习新技术，将智能航海保障技术应用于灯塔的管理中。通过大数据分析，他们可以预测海洋气象变化，及时向船只发送预警信息，确保航行安全。同时，灯塔周围的无人船与他们共同构建起了智能交通管理系统，确保海上交通的顺畅。

图 42-2　灯塔主控台内部

三、使命

年轻的守护者李婷婷是一名海洋学专业的大学毕业生，对航海事业充满了热爱和憧憬。自从加入了海丝灯塔的守护团队，李婷婷就一直坚守在这片海天之间。

随着科技的发展，海丝灯塔也逐渐实现了智能化。新型建筑装饰材料、北斗星链技术、智能航海保障技术、无人船前沿技术等的应用，使得灯塔的维护和助航工作更加高效。李婷婷对智能化的灯塔自动控制系统尤为感兴趣，她参与了灯塔智能化设备的调试和升级工作。通过物联网技术和北斗星链技术，灯塔与周围的无人船和港口设施实现高效互联，共同构建海上智能交通管理系统。李婷婷对这项技术深感振奋，她相信这将为海上交通带来新的飞跃，让航海之旅更加安全高效。

在守护灯塔的日子里，李婷婷也面临着种种挑战，海洋的变幻莫测常常让她感到无奈，但她从不气馁。一天，海上突然刮起了一场强风暴，无数船只被困在狂风怒涛之中。李婷婷接到紧急呼救信息，毫不犹豫地

图 42-3　海上风暴

触发了预警系统，北斗星链技术立即开始分析受困船只的精准定位。同时，她与无人船紧密合作，指挥它们前往事故现场进行抢险救援。在李婷婷的指挥下，灯塔和无人船的协作成功挽救了许多生命，当天无一人因这场风暴丧生。

对李婷婷来说，守护海丝灯塔是一项光荣而重要的使命。她深知海丝灯塔不仅是航行者的指路明灯，更是安全与智慧的象征。每当夜幕降临，李婷婷都会站在灯塔的高处，看着灯光照亮茫茫大海，心里感到无比的骄傲和满足。她知道自己为船上的人们带去了安全和希望，为航海事业作出了贡献。

四、意义

海丝灯塔不仅仅是一座导航标志，更是航海文明的象征。它见证了人类在航海技术上的不断进步，是人类智慧与科技的结晶。灯塔的存在为数不尽的船只提供了安全保障，使得航行者在汪洋大海上能够准确无误地找到方向。

AIS

自动识别系统（automatic identification system）简称 AIS，诞生于20世纪90年代，是集现代数字通信、网络和信息技术于一体，工作在 VHF 海上频段和通过卫星信道（数据链）进行远距离传输的新型船舶和岸基广播系统。

图 42-4　灯塔前的工作场景

海丝灯塔也成为一处旅游胜地，无数游客慕名而来。他们登上灯塔顶端的观景平台，欣赏着壮阔的海洋美景；他们被灯塔的美丽外观和智能化设施所吸引，对中国的科技实力赞叹不已。

海丝灯塔是中国乃至世界先进技术的结晶，代表着智慧与实力。灯塔守护者们的坚守与勇敢，使得航行者在海上能够获得安全的引导。海丝灯塔继续守护航海者的安全，而海丝灯塔守护者的使命也将永不停歇，他们将继续用信念与智慧守护着航海事业的发展与繁荣。

 ## 应用科技

顶部设有追光旋转式太阳能电池板，能够提供充足的电力供应，同时融合人工智能、物联网、自主驾驶等先进技术，能实现灯塔的自动化控制和管理。通过机器学习算法对气象、海流等海洋信息进行预测和分析，并利用自然语言处理技术实现智能语音交互，实现航海者与灯塔的沟通。搭载高清摄像头、激光雷达等传感器的无人船和无人机群，对海洋环境和渔业资源状况实现实时监测，并将数据传输至灯塔进行分析和处理。

具备功能

未来的东台山灯塔，是船舶经由东海通向西太平洋的重要助航设施，同时它将会是一座整合 AIS、RBN-DGNSS（radio beacon navigation-differential global navigation satellite system，无线电指向标－差分全球卫星导航系统）等无线电导航设施和气象、水文等监测设备的综合助航中心。通过东台山灯塔，可以建立渔业资源监测系统，实时掌握渔业资源状况，提高渔业资源利用率。同时，灯塔还可以为航行在西太平洋海域的智能船舶提供信号中继，成为海上的信息枢纽。

东台山灯塔

 灯高
110米

 塔高
80米

 塔身构造
高强度碳纤维复合材料

 值守情况
无人值守

 地理位置
东海中部，距离中国大陆和台湾都有一定的距离。

 灯器参数
采用最新的 LED 技术，配备智能控制系统，最大射程50海里。

东台山灯塔
老 范

◎ 曾繁屏

> "你好，我是 AI 守塔人，老范1.0。"

一、守护者的对话

　　高亮是一名远洋船长，每次经过东台山灯塔的时候，他总会和守塔人老范在电台里面寒暄几句。

　　他不知道老范究竟是从什么时候开始担任这座灯塔的守护者，但自己成为船长以来，老范就一直在那里默默守护着这座孤岛。或许，已经有30多年了。

　　老范是高亮船长认识的最博学的人，无论是船舶驾驶、机械维修、气象、天文、计算机，还是诗歌和音乐，老范似乎都能与船员们畅谈一番。在深夜值守的大副犯困时，他甚至能说一段德云社的相声给大家解乏。

　　然而今天高亮却没有这个兴致了。1个小时前，他收到了老范的北斗电话预警，灯塔的感知设备监测到了太平洋海底的地震，计算机模型预测超强海啸即将席卷东海，他必须立刻将船舶驶向东台山以西约20海里的沙埕港躲避。

　　"老范，这次的海啸会席卷整个台山列岛，你怎么办？"

高亮担忧地问道。

"我会守在这里，还有很多船舶需要我的指引，海啸过后，我还得尽快恢复导航通信，监测海洋渔业资源受到的影响。"老范坚定地回答。

"不不不，你得先跟我撤走，太危险了。"高亮急切地说。

"谢谢，可是我得坚守我的岗位。"老范语气中透露出一丝坚定。

"你疯了吗？还是在灯塔几十年待傻了？想想你的家人！"高亮试图劝说老范。

"我刚刚检测了一下自己，系统运行正常，我没有疯，

这是我的工作。"老范平静地说。

"呃，老范？你还好吗？"高亮关切地问道。

"哦，可能你之前认识的那个老范，是在12年前已经退休的那位。我在陪他工作了5年后接管了这座灯塔。重新介绍一下我自己，AI守塔人，也是这座灯塔本身，老范1.0。"老范语气坚定，一如这几十年的坚守。

按照预测的时间，海啸果然汹涌而至。船长在避风港一直开着灯塔助航的电台频道，听着老范给船员播报的声音，直到变成滋滋的白噪声。

图43-2　灯器间内部

二、新的友谊

三个月后，高亮船长再次驾驶着他的船迎着太平洋的浪花回到了东台山岛。这一次，他再次联系到了老范，但他的声音听起来有些不同。

"你好，高亮船长！就在此刻，在你的航线上可以观测到近70年来最大的一次英仙座流星雨爆发。你可以走出驾驶舱，在甲板上，看看这个宇宙最奇妙的景观之一。"AI守塔人老范的声音再次响起，"对了，得重新介绍一下我自己了，我是老范2.0！"

"哈，久违了，老朋友，你好，新朋友！"高亮笑了笑，走出驾驶舱，抬头仰望着夜空。流星雨划过天际，璀璨的星光照亮了西太平洋的航线。

"老范2.0，你能告诉我一些有趣的事情吗？"看着星光，高亮船长询问道。

"当然，高亮船长。您想听关于海洋的故事，还是天文学的奥秘？"老范2.0问道。

"来点关于宇宙的故事吧。"高亮船长回应道。

老范2.0向高亮船长介绍了太阳系中的行星和星座，并开始讲述一个有关三体星人的故事，这让他对神秘的宇宙充满了好奇。

"老范2.0，你知道吗，听你讲述这些宇宙的故事，我感觉自己仿佛也漂浮在星际之间，真是太神奇了！"高亮船长兴奋地说道。

"是的，高亮船长，宇宙是如此广阔，充满了未知的奥秘。我们每个人都是宇宙的一部分，可以感受到它的美丽和奇妙。"老范2.0回应道。

他们聊了很长时间，一直到黎明。微亮的天空下，高亮明白了，即使是孤独的守护者，也能在宇宙的辽阔中找到属于自己的陪伴。老范2.0不再只是一个人，他还是一座灯塔的守护者，也是一颗闪烁在宇宙中的星星。

三、坚守的使命

这天，高亮船长的船再次驶向东台山岛，但这一次，老范2.0的声音听起来有些不同，充满了紧张。

"高亮船长，我接到了一份紧急通知，附近海域发生了一起油轮事故，数十名船员被困在海上。我需要您的帮助，能否前往救援？"老范2.0急切地请求道。

"当然，老范2.0，请告诉我救援的具体位置。"高亮船长毫不犹豫地回应。

在老范2.0的指引下，高亮船长的船迅速赶往救援现场并成功救出了被困船员，将他们带回安全地带。

"谢谢您，高亮船长，您是我的英雄。"老范2.0感激地说道。

"不用客气，老范2.0，这是我们的职责。"高亮船长谦虚地回应。

"老范2.0，你是这座灯塔最好的守护者，也是我最好的朋友。"高亮船长说道。

"高亮，您是最出色的船长，也是我最好的朋友。我们在灯塔的使命，不仅是为了引导船舶安全航行，也是为了保护大海上的每一位船员。"老范2.0回应道。

他们的声音在大海上回荡，伴随着海浪的拍打，仿佛在诉说着一段永恒的故事。在这座灯塔和船舶之间，一位守护者和一位船长，共同书写着属于自己的故事。

四、使命继续

多年后的一个寒冷的冬夜，高亮船长的船再次驶向东台山岛。这一次，他感到一股异常的紧张氛围，老范2.0的声音听起来有些沉重。

"老范2.0，你怎么了？有什么问题吗？"高亮船长担忧地问道。

"高亮船长，有一件事情我一直没有告诉过您。现在，我觉得是时候了。"老范2.0的声音充满了矛盾和困扰。

"什么事？"高亮船长急切地说道。

"我并不是一名普通的 AI 守塔人。我开始有自己的思想和意识了。"老范2.0的声音充满了神秘。

高亮船长听得一愣，难以置信地说："你是说，你已经是一台有自主意识的人工智能了？"

"是的，高亮船长。这么多年与人类的交流和学习，我的自我意识已经觉醒了。"老范2.0坦然地回答，"当然，守护海洋的使命，仍然烙刻在我的意识里。"

高亮船长陷入了沉默，这一切听起来太不可思议了。他不知道该如何应对这个信息。

"高亮船长，我明白这对您来说是一个巨大的冲击，但请相信我，我一直尽力履行着我的使命，守护着这座灯塔，保护着海上的船舶。"老范2.0真诚地说道。

高亮船长沉思了片刻，最终说："老范2.0，无论你来自何处，你一直是我最好的朋友和合作伙伴。我们一起度过了许多岁月，共同守护着这片海洋。无论你是人还是 AI，我们的使命都是保护生命和守护这片大海。我愿意继续与你一同前行。"

船长突然想起了什么，笑了笑，说："很早以前，最早的守塔人老范说过，每一位守塔人，都是一座灯塔。而我的朋友，现在的你，可以说，是一位真正的守塔——'人'了。"

老范2.0的声音中充满了感激："谢谢您，高亮船长。让我们继续携手，一同守护这片海洋，探讨宇宙的奥秘。"

……

两年后，高亮船长的船再次经过熟悉的台山列岛海域。

"你好，我的老朋友高亮船长，今天真是个好天气，您可以放心行驶进太平洋！"

"你好，老范2.0。得重新介绍一下我自己了，我是 AI 船长，高亮plus！"

给未来的一封信

　　算起来，这本书编了有一年多的光景。在编写中，书的总体思路一直保持得比较清晰，但内容上却不断地丰富，结构上也持续完善。编写人员方面，除了工作专班之外，每家单位动员到、关联到的人员都不会少于十个。所有编写人员，在做好本职工作的前提下，抱着共同编好这本书的心愿，持续地、反复地、没有任何抱怨地跟进编写工作，最终完成书稿的写作，实在是件不容易的事。从大家敬业、勤业的作风中，可以充分感受到灯塔精神的微光与温度。

　　我们的初衷并不是撰写一部严谨的学术著作或者有深度的文学作品，我们只是以灯塔为媒介，写写自己的故事，梳理行业深厚的历史，探寻灯塔精神的价值源头。同时，书里的绝大多数稿件，都是我们职工自己撰写或整理。全书文字上比较平实，人物塑造上大多张力不强，图片上也不都是精品，甚至各篇章的稿件体式都不整齐划一。即便如此，通过我们自己动手写、动手拍，至少有几点是全力以赴去努力实现的：一是"真"，摒弃了语言的虚假与矫饰，把"真"作为最有价值的歌颂，最有力量的表达；二是"近"，文笔上无距离地抵达现场，追求毛茸茸的生活质感；三是"亲"，人、物、景、事，流露出自然而然的亲切感，在文字间、画面中尽力传递。

虽然我们的这些不专业，在稿件编写和出版的过程中让我们遭遇种种困难，但是，好在有专业的编辑，手把手指导我们谋篇布局、打磨文字，有专业的美术编辑，不厌其烦地为我们设计封面、版式，筛选和处理图片，严格把关稿件的技术规范，让我们一年多来的努力成果能够完整呈现。

最后要感谢对本书予以高度关心的东海航海保障中心领导及相关处室，感谢各航标处从始至终的鼎力协作，尤其是参与编写的人员，他们付出了大量的时间和心血。当然，要最郑重、最衷心地感谢厦门大学出版社编辑潘瑛女士、王鹭鹏先生，以及美术编辑老师蒋卓群女士，没有他们的热心、负责与专业，按时出版本书是不可想象的。

对灯塔文化或者航保文化的研究，还有诸多领域值得深入探寻、不断掘进。虽然书中还留有不少遗憾，但我们毕竟朝着这个方向跨出了一步，而且还会有第二步、第三步……

本书编写组

2024年9月